やくざ映画入門

春日太一
Taichi Kasuga

小学館新書

やくざ映画入門

目次

悪役編・ユーティリティ・プレイヤー編・監督編

第四章 ● 作品の考察

A）作家論からみるやくざ映画〜笠原和夫と『仁義なき戦い』の戦後史

B）入り口としてのアウトレイジ

はじめに

初心者の方やあまり詳しくない方でも、この一冊で「やくざ映画」を楽しむことができる――本書は、そんな手引書のつもりで書きました。

どんな方に読んでいただきたいか。それは――

一、世間の時流に今一つ乗れない方
一、現在なにかしら強い鬱屈を抱えている方
一、今のエンターテインメントではその鬱屈を晴らせない方

――少しでもこれらに引っ掛かる方には、ぜひ読んでいただきたく思います。やくざ映画に救われることがあるかもしれません。

学生時代の私が、まさにそうでした。学校には馴染めない。冴えない日常に見えない未来。金もない。彼女も仲間もいない。自分の後ろで聞こえた笑い声が自分への嘲笑に思える被害妄想。そんな真っ暗闇の中、やくざ映画を観ている時は心が安らぎました。アウトローとは程遠い人生を歩んできましたが、「世間からはぐれてしまっている」という点で共鳴できるものがあった。そのため、観ている間はそこに自分の居場所があるように思えたのです。最高の現実逃避でした。

私と同じように、やくざ映画を観ることで心の安寧を得られる人がいるかもしれない。そう思ったのが、本書を企画したキッカケです。

先の見えない鬱屈を抱えた心には、元気や感動を押しつけてくるエンターテインメントはかえってキツくありませんか？　コンプライアンスを遵守し、道徳的な正しさで整備されたエンターテインメントに退屈さを感じてはいませんか？　やくざ映画はそんなあなたの闇に寄り添い、そして明日を生きる活力を与えてくれます。

「やくざ映画でしか救われない魂がある」

それが、この本の基本精神です。

「ポスターやタイトルがなんだか恐い」「そもそも、やくざって嫌い」

そう思って避けてきた方も多いでしょう。あるいは、年を経るに従い遠ざかっていった方もいると思います。そんな方々がやくざ映画に自然と入っていけるよう心掛けて書きました。

「今、自分の魂が求めているのは、実はやくざ映画なのかもしれない」

読みながら、そう思われる瞬間がきっとあるはずです。

第一章
やくざ映画概論

①使用上の注意

――やくざ映画とは何か？

本書でいう「やくざ」は「暴力団組織に属する人たち」を指します。「やくざ映画」に気軽に接する上では、そのくらいの理解でまずは十分です。では、そもそも「やくざ映画」とはどのような映画を指すのでしょうか。

「やくざが主役の映画」と思われる方も多いかもしれませんが、必ずしもそうではありません。「やくざ社会が物語の舞台になる映画」とした方が捉えやすい。といいますのも、「やくざ映画」の主人公は「やくざ」だけではないのです。やくざを取り締まる警官、やくざの抗争に巻き込まれていく一般人、あるいは元やくざの堅気《かたぎ》（やくざ社会に属さない一般人）。こういった人たちが主人公の映画も多々あります。これらも「やくざ映画」に含まれるわけです。

たとえば学生が主人公の映画があったとして、物語の中心が学校での人間模様になれば「青春映画」ですが、その学生がやくざと交流したり抗争に巻き込まれたりすると、それは「やくざ映画」ということになります。ですから、後で出てきますが、大学生とやくざの交流を描いた『人生劇場』や女子高生がやくざの親分になる『セーラー服と機関銃』は、ここでは「やくざ映画」にカテゴライズしています。

――あくまでも「創作物」

本書を読む上で最も注意していただきたい点があります。それは、「やくざを美化している。けしからん」とは、くれぐれも思わないでいただきたい――ということです。本書で述べるのはあくまで「やくざ《映画》」という「創作物」であり、そこに出てくるのは「俳優が演じる、フィクションのキャラクターとしての《やくざ》」なのです。

「現実のやくざ」と「実際のやくざ」は――たとえ実話をベースにしていたとしても――全くの別物である。それが本書の大前提になります。ですので、くれぐれも本書を読んで「やくざは素晴らしい」とは思わないでください。現実とフィクションは区別して考える。「やくざ映画」に限らず、映画全般を捉える上でそれが最も重要なスタンスです。

映画では、やくざたちが「ヒーロー」として格好良く描かれています。が、現実はそうではありません。「必要悪」という側面もあるかもしれませんが、基本的には「反社会的勢力」であり「暴力団」。市民社会に脅威を与える存在です。

②用語の基礎知識

次に、やくざ映画を観る上で「最低限これだけは知っておいた方がいいかもしれない」という用語について解説します。これはあくまで「いいかもしれない」であり、「ねばならない」ではありません。基本的に娯楽映画というのは前提となる知識がなくとも楽しめるように作られていますので、知っていなくても問題はありません。が、やくざ社会は一般社会と異なり特殊な世界ですので、さまざまに特殊な概念があり、しかもそれが物語上で重要なカギを握っていることが多い。ですので、事前に知っておくとより気軽に楽しめる――と思い、いくつか挙げてみます。

ちなみに、ここでの用語解説はあくまで「やくざ映画を入門的に楽しむための補助線」としてのものであり、それ以上のものではありません。専門的に詳しい方からすると「その定義は雑だ」と思われるかもしれませんが、「この用語はこう捉えておくと映画が分かりやすくなる」という観賞上の手助けのための解説だということは、あらかじめご理解ください。

――「任侠《にんきょう》」

やくざ映画にはよく「任侠」という言葉が出てきます。「任侠道」「任侠精神」といった使われ方をします。これはやくざをヒーローとして描く際の基本理念になります。

簡単に言えば「わが身を張って弱きを助ける」ということです。困っている人、苦しんでいる人を助ける。そのためには私欲を捨てる。時には命さえ投げ出す。そして相手にどれだけ社会的な地位があろうと、弱き人々を苦しめる者は許さない。

そんな自己犠牲と勧善懲悪の精神。これがやくざ映画で描かれるやくざたちの目指す理想となってくるわけです。この任侠精神を守るのが主人公サイドで、それをないがしろにするのが悪役サイド――というのが基本的な図式になっていきます。

――「義理」

これもやくざが守るべき美徳の精神として出てきます。一般的にも使いますよね。「義理チョコ」とか。まさにその「義理」です。

これは少し後で詳しく説明しますが、やくざ社会は特殊な人間関係の構図で成り立っています。シンプルに言うと、上に親分がいて、兄貴分がいる。それから渡世《とせい》——これも「やくざ社会を渡り抜いていくこと」を表す専門用語ですね——の中で出会う恩人。こうした人々との繋がりが「義理」になり、その恩に報いるのが「義理を果たすこと」となります。

この「義理」も私情や私欲よりも優先される。「義理チョコ」って、まさにこの「義理を果たす」と同じ構図なんですよね。会社の上司や同僚、仕事でお世話になった人に私情と関係なくチョコレートを渡す。現代社会ではチョコを渡す行為が、やくざ映画に置き換わると命がけの闘いになっていくわけです。

この「義理」は、元々は江戸時代のやくざ社会のシステムに端を発します。当時、やくざ者は「渡世人」と呼ばれ、一般社会からは蔑まれる存在でした。人別《にんべつ》——今でいう戸籍から外れ、定住もできず旅から旅へ回る。泊まる所はないし、食事にもなかなかありつけない。江戸時代ですから自然環境は今より厳しいですし、衣服も粗末で防水も防寒もできない。そのため野宿するにしても雨や雪といった天候が即座に生命の危機に直結します。

そこで、行く先々の宿場で「一家」を構える「親分」の所に立ち寄るわけです。これを「草鞋《わらじ》を脱ぐ」といいます。そして、親分から寝床と食事を提供してもらう。これが当時でいうと「命を助けてくれる」ことを意味する大恩になるのです。

こうして受けた恩を「一宿一飯《いっしゅくいっぱん》の義理」といい、何よりも優先される。義理を受けた一家が抗争に巻き込まれたら何があろうとも先陣を切って戦わなければなりませんし、親分に何か頼み事を託されたら命にかえても果たさなければなりません。

この精神が残る形で、その後もやくざ社会では「義理」というものが尊重されます。それは「組」に対する忠誠という形になります。親分に組に入れてもらい、その看板の下にいるからこそ、やくざ渡世で生きていける。そこには「一宿一飯」以上の恩義がある。ならば、親分のため、組のためにその義理を果たすのは当然――という精神になっていく。

これが、やくざ映画に出てくるやくざたちの基本的な行動原理になります。ここが理解できないと、「なんでこの人はわざわざ戦う必要があるんだろう？」という疑問しかなくなってしまう恐れがあります。

──「義理」と「人情」の違い

ここまで述べてきたことからもお分かりとは思いますが、やくざ映画で美徳とされるのは「任俠」にしろ「義理」にしろ、「自己犠牲」の精神です。ただ、それだけで生きているわけではありません。たとえば、「渡世の義理」によって戦わなければならない相手が、自分にとって大事な人かもしれない。あるいは頼まれごとが個人的な価値観とは相容れないものかもしれない。親分や恩人が人間的に許せない人物だったりすることもある。そうした際に義理と反する形で生まれる心情、これが「人情」になります。

よく「義理人情に厚い」というようにワンセットでまとめられる「義理」と「人情」ですが、実は別物なのです。つまり、義理＝「公」と人情＝「私」ということになります。「義理人情に厚い」となると、公私の双方で行き届いている人物であり、それだけ多くの人からの信頼や尊敬を集めることになるわけです。

しかし、やくざ映画の主人公たちは往々にしてこの義理と人情の狭間で苦しむことになります。高倉健が主演した人気やくざ映画シリーズ「昭和残俠伝《ざんきょう》」（一九六五年〜）の主題歌「唐獅子牡丹《からじしぼたん》」の冒頭に、こんな歌詞が出てきます。

「義理と人情を秤《はかり》にかけりゃ　義理が重たい男の世界」

この歌詞の通り、やくざ社会においては何より「義理」が優先されることになります。といって、やくざも人間です。「義理」と「人情」とが対峙する場合、葛藤が生まれます。だからこそ、映画としてはドラマチックな展開になっていくわけです。

最終的に主人公が義理を選ぶのか。人情を選ぶのか。実はそれは、作品によって異なってきます。正解はありません。それぞれの作品の作り手たちの想いが主人公の選択へと仮託されていくのです。

――「掟」「破門」「絶縁」

ただ、いくら立派なことを言っても、やくざは社会から外れたところに生きる職業です。しかも、たいていは元々が不良上がりですから荒くれ者、暴れ者、性格に難のある者が多い。それが「やくざ社会」として一つの秩序を形成していくためには、一般社会よりもさらに厳しい規律が必要になっていきます。それが任侠精神や義理といった規範になってくるわけですが、そうした彼らが守るべき不文律のルールを「掟」と呼びます。

この「掟」は憲法的な最上位に位置するルールであり、これを破った者はやくざ社会で生きていけなくなります。その場合、「破門」あるいは「絶縁」という懲罰が課され、それが全国に廻状として回ることでやくざ社会全体からパージされることになります。「破門」は「この者は当組ともう一切関係のない人間。この者と付き合う場合は敵とみなす」という処分で、「絶縁」は「この者とは二度と縁は結ばない」という「やくざ社会そのものからの追放」を意味する、さらに重い懲罰となります。

映画では、この「絶縁」「破門」をきっかけに「義理」がなくなるため、それまで親分・子分・兄弟分だった間柄のやくざ同士が抗争に発展する。あるいは「絶縁」「破門」を恐れたために義理を捨てきれない。こうしたドラマチックな展開に結び付きやすい小道具として機能することになります。

――「仁義」

この「掟」の前提になる概念が「仁義」です。他人を慈しむ「仁」と、自己犠牲や勧善懲悪の精神である「義」。先ほど述べてきた「任俠精神」や「義理」がまさにそれです。

江戸時代に渡世人が草鞋を脱ぐ際に一家の玄関で挨拶の口上を述べることを「仁義を切る」といいますが、つまりは「私はやくざ社会のルールを順守している人間ですよ。ですから敷居をまたがせても問題ありませんのでよろしくお願いします」と宣言をしているわけですね。『仁義なき戦い』というタイトルが示すのは、そうしたルールが崩壊した中で繰り広げられる戦いということなのです。

③やくざ社会の人間関係

それから次に押さえておきたいのが、やくざ社会の人間関係を示す用語です。図式化すると22ページの図のようになります。

やくざ組織というのは疑似家族として構成されていて、組は「一家」と呼ばれ「親分」と「子分」の関係が主軸になっています。そしてこの「親子」関係は儒教精神に根差した、絶対的な父権社会なのです。つまり、子は親に絶対に従わなければならない。それが「掟」ということになります。

そして、親分の下にいるナンバー2、つまり子分側のトップの存在。これが「若《わか》頭《がしら》」です。時代によっては「代貸《だいがし》」と呼ばれることもあります。

抗争などの何か重大事が起きた時、親分は守らなければならない存在ですから、この若頭が陣頭指揮を執ることになります。いずれ親分になっていく、重要なポジションです。自民党でいうと、総裁が親分で、幹事長が若頭ですね。野党との折衝や選挙戦の陣頭指揮は全て幹事長に任されている。「実務者レベルのトップ」という認識でいいと思います。

さて、この子分の中にも序列があります。

やくざ映画用語の基礎知識

掟、義理＝人間関係

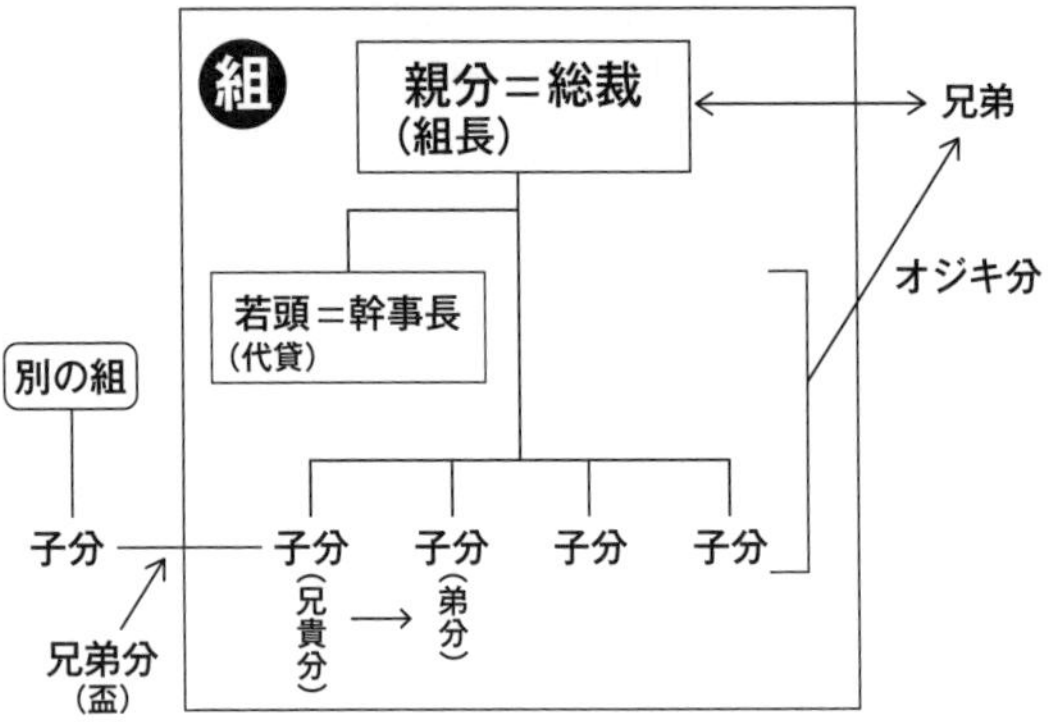

これは組織に入った順で決まっていきます。体育会系や芸能界とかでもありますよね。「先に入った先輩が絶対的に立場が上」という図式。ようはそれです。そして、先輩に当たるのが「兄貴分」であり、後輩が「弟分」「舎弟」ということになります。

これに加えて「オジキ分」という存在もいます。つまり、親分にとっての「兄弟分」ですね。これは子分から見たら「親の兄弟」ですから「おじ」に当たるわけです。これが親分に準ずる絶対的な立場になります。

さらに、刑務所なり旅先なりでやくざ同士が意気投合した時や、あるいは揉めごとを和解する際の手段として、異なる組のやくざと「兄弟分」の関係を結ぶこともあります。

これらが絡み合った人間関係に立脚しているのが、やくざ映画におけるやくざ社会の大きな特徴です。そして、この全ての関係性の中に「義理」が生じる。そのため、おいそれと個人の幸福や欲求を追うわけにはいかなくなります。

――「盃《さかずき》」

こうした人間関係を繋ぐ小道具として出てくるのが「盃」です。

親分―子分、兄貴分―弟分、こうした関係性をやくざ社会の中で正式に認めるための儀式として、盃に酒を入れ、それを飲み交わすということをします。これが「盃を交わす」。それを第三者の大物が「媒酌人」として見届けて認可することにより、その関係性は公式のものとなります。また、親分が引退したり死去したりして跡目が相続される際には、その新親分と新たな親子関係になるため、盃は改めて交わし直されることになります。
やくざ映画では、この盃がやくざ社会や親子・兄弟の関係性を象徴する小道具として使われます。婚姻関係における結婚指輪のようなものです。そのため、「盃を突き返す」あるいは「盃を割る」という行為が、「それまでの関係を絶つ」ことの宣言として使われ、ドラマチックな盛り上がりをもたらすことになるのです。

④映画の基本フォーマット

以上の人間関係を踏まえて、やくざ映画の物語は構成されています。そして、その物語には基本的なフォーマットがあります。それに基づくか、アレンジを加えるか、正反対からのアプローチにするか――といったバリエーションは作り手の意識や時代性によって千差万別ですが、ここではその大元にある基本形を紹介します。

・主人公と、その属する組がある。それに対して、敵対する組がある。
・主人公の属する組は地元に根付き、任侠精神を守り、義理を重んじる。
・敵対する組はたいてい新興勢力。再開発を目論む政治家や企業と組んで、しかも目的のためには手段を選ばないため、地元民から煙たがられている。
・敵対する組の組員たちは町で傍若無人に振る舞う。それでも主人公側は仁義を重んじて我慢に我慢を重ねる。
・地元民が虐げられたり、兄弟分が殺されたり、親分まで手をかけられたりする中で、我慢の限界を迎えた主人公が敵地に乗り込む。
・敵地でドス（あるいは銃）を手に大立ち回り。
・最後は敵の親分を倒すが、主人公自身も傷つき、時には逮捕される。

――という流れがベースになっています。ここから様々に派生して幾多のやくざ映画の物語が誕生していくことになります。

⑤その魅力とは？

では、そもそもやくざ映画って何が楽しいのか。どこに魅力があるのか。今度はその辺の話をしていこうと思います。

A）ヒーローものとして

まずは、ヒーローものとしての面白さです。先に述べたように、やくざ映画に出てくるやくざたちは、「創作された架空のヒーロー」です。現実のやくざとはまた別の存在。では、なぜやくざがヒーローたりえるのか。ヒーローとは、劇中での活躍に観客が興奮し、喝采し、そして憧れる存在です。それは、普段の自分ではできないことをやってくれるから。そこには、弱い庶民＝観客の鬱屈であり憧憬が仮託されています。

そして、やくざ映画のやくざは任俠、掟、義理――つまりは自己犠牲の精神の中で生きている。己を捨て、弱きを助ける。それはヒーローの行動原理そのものです。自らの筋道を通し、それに殉じる。それは、普段の我々にはまずできないことです。だから、憧憬の対象になる。

しかもそれが「明るく健全なヒーロー」でないのも魅力です。やくざはアウトローですからダークヒーローです。義理と人情の間での葛藤を抱えていたり、あるいは欲望や野心に忠実な者もいる。何より、誰もが「やくざ＝日陰者」としての影を負っている。そのため、絶対無敵・完全無欠の超人ヒーローにはない泥臭い人間味も出てきて、単純な勧善懲悪ではない人間ドラマとしての深みもあるわけです。

B）自己完結の美学

そして、彼らが貫こうとする行動原理には、「仁義を守る」というオーソドックスなものもありますが、「そんなのぶっ壊してやる！」という場合もあります。ここまでの話をひっくり返すかもしれませんが、そうしたルールを無視して暴れ、権威に楯突くことも普段の我々にはできません。そこにもヒーロー的な魅力があるのです。

そして、どちらにしてもその戦いは命がけのものになります。仁義を守ろうとすればルール無用の勢力と対立しますし、ルール無用に生きようとすれば守ろうとする勢力と対立します。そして最終的にそれは血をもってしか解決しない。

たいてい、我々はどこかで妥協して生きています。そうしなければ、生活が成り立たなくなります。だからこそ、たとえそのために我が身の破滅を招こうとも、自分なりの哲学、価値観を命がけで通そうとするやくざたちの生きざまがヒロイックなものになるのです。通したくても通せない我々の鬱屈を、やくざ映画のやくざたちは晴らしてくれるのです。

通常、ヒーローというのは悪を懲らしめ、世の中を良くするために闘います。が、やくざ映画のやくざはそうではありません。自分自身の価値観＝筋道を通すための、自己完結のための闘いなのです。何かを得られるわけでも、何かを変えられるわけでもありません。誰からも喜ばれないこともあります。自分自身の生き方として、それでいいのか、否か。それしかなく、しかもそれに人生を懸ける。そこに憧れるのです。

C）アナクロ性

やくざ映画の悪役というのは、金儲けであったり立身出世であったりという、外的な成功を第一とする人たちです。そのため、アウトローでありながらも時代の潮流と上手く折り合って生きています。

逆にいうと、そこと対立する主人公というのは、世の中の潮流と上手く折り合えない、あるいは最初からその気のない人間ということになります。現実社会では、それは迷惑な存在になりかねませんが、やくざ映画ではそれがヒーローになる。

つまり、やくざ映画の凄いところは、やくざ社会がそもそも強烈なアナクロ（時代遅れ）の世界である上に、主人公たちはそこからさらにアナクロな存在になっているということです。それがなぜヒーローたりえるのか。それは、やくざ映画そのものが時代の潮流と上手く折り合えない観客たちに向けて作られているからです。

詳しくは次の「歴史編」で述べますが、やくざ映画を支持してきたのは世間的な成功者や幸福感に包まれた人生を歩んでいる人たちではありませんでした。経済的な繁栄や世間の潮流から取り残されたり、そこに背を向けようとした人たちでした。たとえば、ブルーカラー層。工場や工事現場で働いて日本の経済発展を支えながらも、ホワイトカラー層は豊かになっていくのに自分たちは貧しさから脱却できずにいる。やくざ映画はそうした人たちのせめてもの気晴らしでした。それから先鋭化して少数派になっていった学生運動の若者の一部も加わります。

つまり、「健全」が主流になりつつあった世間の潮流に入り込めずに不良性や不健全性を抱えた人たちがやくざ映画のメインの支持層だったのです。

「人生どうせ勝てない」と思っている身からすると、圧倒的な勝利を収めて世間から感謝されて颯爽としているヒーローを観るのはかえってキツい。その点、やくざは自己完結のための闘いなので、大きな何かを成し遂げようというものではありません。世間的にも大した影響はありません。やくざ社会という片隅で起きる、ちっぽけな出来事。にもかかわらず、それに命を懸けるというある種のバカらしさ。しかも勝利したところでやくざはやくざ。己の美学を貫くために個人的な幸福には背を向けていますから、絶えず孤独なまま。今でいう「リア充」な状況からは終始、程遠いところにいるわけです。

そのため、どこか人生を諦めながらも、鬱屈を抱えて魂を燻ぶらせる日陰意識のある観客たちからすると、ヒーローたちが自分たちの側にいる気がしてくるのです。

当時、やくざ映画が上映される劇場の客席にいた観客たちは、スクリーンの高倉健に向かって本当に声を上げて声援を送ったり、観終えた後は主人公になりきって肩をいからせながら劇場を出たといいます。それだけ感情移入し、自分自身を仮託しながら観ていたのです。そんなヒーロー、やくざ映画の他にはなかなかいません。

D)『半沢直樹』と「やくざ映画」は同じ構造だ!

アナクロ性に支配された組織。義理とルールでがんじがらめの主人公、潮流に上手く乗っている者たちの傍若無人、それに対して我慢を強いられる人々——我慢が限界に達した時、主人公は主流派と折り合うことを捨てて自分の筋を通そうと逆転劇に打って出る——。

こう書くと先ほど述べた「やくざ映画の基本フォーマット」のおさらいと思われるかもしれませんが、実は全く別の作品を念頭に置いて書きました。それは『半沢直樹』。二〇一三年と二〇年にTBSで放送され、大ヒットしたテレビドラマです。

『半沢直樹』は銀行を舞台にした話なので、やくざ社会とは程遠いと思われるかもしれません。が、日本の銀行というのは、実はやくざ社会と親和性が高い。上司と部下の上下関係は厳然としていますし、上意下達は絶対。しかも社員の間での「~期」という先輩後輩の上下関係も厳しい。しかも、それは個人の心情よりも優先される。これ、先ほど解説した「親分」「子分」「兄貴分」の関係そのものです。その中で、主人公はさまざまな義理でがんじがらめになり、葛藤していく。やくざ映画の主人公の姿そのものです。

要するに、『半沢直樹』は上下関係の風通しが良い業界では成り立たない話なんですよね。銀行がアナクロな組織だからこその物語なのです。

そして、考えてみれば現代の社会においては窓際の銀行員やサラリーマンは決して恵まれたエリートではありません。「社畜」という言葉に代表されるように、高度成長期のブルーカラーの人たちと似たような立場にある。

そして、半沢直樹はそういった人たちのヒーローたりえた。それは、半沢の闘いは会社の経営体質の改善だったり、正義や世直しだったりのためではなかったからです。「やられたらやり返す」という決めゼリフに代表されるように、自らの意地やプライドを貫くための復讐戦――つまり自己完結の闘いなのです。

『半沢直樹』が話題になるたび、《『半沢直樹』＝時代劇》説が浮上しますが、私はそうではないと思っています。時代劇というのは、とてつもなく幅の広いジャンルなので。それよりも《『半沢直樹』＝やくざ映画》説を唱えたい。半沢直樹が相手を土下座させる代わりに、やくざ映画の主人公は相手をドスや拳銃で殺す。ただそれだけの違いなのです。

ですので、『半沢直樹』が楽しめた方は、やくざ映画を楽しめるのではないでしょうか。

E）下世話な好奇心

ここまでは、ドラマ構造の側面からやくざ映画の魅力を紹介しましたが、それだけではありません。まだまだあります。

まず一つ目は、見知らぬ禁断の世界を覗き見るという下世話な好奇心や背徳感をくすぐる——という点です。

アウトロー、反社会的な存在は恐いですし、できれば近寄りたくも関わりたくもない。でも、実際はどんなものか、ちょっと知ってみたい——。そうした下世話な好奇心を抱く人は少なくないでしょう。その風習、その価値観、その見た目、やくざの世界の外側に生きる者にとっては全てが珍しく、新鮮な刺激を与えてくれます。

特に盛り上がるのは「抗争」です。組織同士、あるいは組織内部で争いごとが起きると、どういった対立構造があり、どういった展開が待ち受けているのか――週刊誌や夕刊紙などがこちらの下世話な好奇心を煽ってきます。これをフィクションとして口当たり良くコーティングして食べやすくしてくれているのも、やくざ映画なのです。

また、下世話な好奇心という視点では、「人事劇」としての面白さもあります。

よく仕事でご一緒する時事芸人のプチ鹿島さんは「日本人は他人事の人事が大好き」と指摘します。要は「次にその席に誰がつくのか」ということへの興味です。たしかに、自分と直接の関係のない組織でそれが起きると、人々は途端に盛り上がり始めます。

たとえば自民党の総裁選などでの「ポスト××」や、その後の組閣。あるいはプロ野球チームやサッカー日本代表の監督選び。大企業の株主や重役たちの主導権争い。これがスムースに進まず、ゴタついたり不透明になってきたりすると、それまでその世界にあまり興味を示さなかった人も熱心に注目し始め、新聞やワイドショーやニュース番組もそれにフォーカスしていく。こうした「お家騒動」が大好きな人は多いのです。

やくざ映画は、これが「跡目争い」という形で表現されます。親分が倒れたり、あるいは亡くなったりする。その跡を誰が継ぐのか。さまざまな人間の思惑が交錯し、それまで収まっていた人々のマグマが噴出して抗争が始まっていく――。

その抗争を眺めながら、「自分だったらこの立ち位置だな」とかシミュレーションしたり、「それでもやっぱり筋道を通す主人公はかっこいいな」と思ったりするのも一興です。

また、やくざ映画に描かれる抗争の魅力は下世話さだけではありません。敵対する相手と闘って勢力を広げるという、戦国時代の戦記的な野心ロマンもあります。最近、突然ブームになった「日本統一」などのVシネマのやくざモノの大半がそうです。

F）アクション映画として

日本でアクション描写を楽しむことのできる稀有なジャンルでもあります。

ハリウッド映画ではお馴染みといえる銃撃戦やカーチェイスですが、あれは日常的にそれが起こりうるアメリカが舞台なので受け入れることができますが、現代の日本でそれをやると途端に嘘くさくなります。映画はフィクションなので嘘をつくのが前提ですが、だからといって「嘘っぽい」と思われてしまうと、観客の心は離れてしまう。だからこそ、過去の架空の世界を舞台に馬や刀を使う時代劇が日本でアクションをやる場合には適している——というのが持論なのですが、実は、唯一の例外があります。

それがやくざ映画なのです。

やくざなら銃も容易に入手できますし、銃撃戦も時おりニュースを賑わします。また、ダンプカーで敵対する組の事務所に突っ込むことも実際にありました。そうなると、日本映画では嘘くさく思われがちな派手な銃撃戦やカーチェイスも、「やくざならこのくらいのことはやるだろうな」と自然と受け入れられてしまう。また、先ほど述べたように、やくざの実態は一般的にはよく分からない、というのも大きいでしょう。北野武監督の『BROTHER』（二〇〇一年）や「アウトレイジ」シリーズ（二〇一〇年〜）などは、そうした特性を活かしてガンアクション、カーアクションをふんだんに盛り込んでいます。

つまり、やくざ映画＝アクション映画という捉え方もできるのです。

G）キャラクターの宝庫

それから——これは第三章で詳しく述べますが——魅力的なキャラクターたちの宝庫というのも、やくざ映画の特長といえるでしょう。

ここまで述べてきたように、やくざ映画で描かれるのは、極端な価値観の中に生きる、極端な人間関係の社会です。そして、たいてい争いごとという極限状態が展開される。それだけに、登場人物たちも極端なキャラクター性を帯びることになります。

生真面目な人間は徹底的にストイックに、暴力的な人間は徹底的に凶暴に、計算高い人間は徹底的に冷徹に、欲深い人間は徹底的に憎々しく、気の弱い人間は徹底的にオドオドと――誰もが、徹底的に振り切れているのです。

しかも、そうした極端なキャラクターなだけに演じる俳優たちも思う存分に振り切って演じることができる。同じ俳優でも他ジャンルで観るのとは全く異なる、リミッターを外したような嬉々とした演技を目にすることができるのです。

そのため、映し出されるキャラクターたちはどれもチャーミング。一見するとやくざですし、厳つい面相や凄んだ芝居をしていることもあって「恐い」という印象を持たれる方もいるかもしれませんが、実はキャラクター的な魅力にあふれています。

ですので、人物関係が錯綜していたり、背後関係がよく理解できなかったりして、最初は物語を追いきれないこともあるかもしれません。それでも大丈夫なのです。物語展開や細かい設定はあまり気にせず、個々のキャラクターたちやそれを演じる俳優たちの芝居を観ているだけで、かなり楽しくなってくるはずです。

H）関係性に燃え（萌え？）る

それから、そうしたキャラクターたちを結ぶ関係性というのも実に魅力的で、やくざ映画をファンタジーたらしめる重要な柱になっています。

北島三郎主演の人気シリーズ「兄弟仁義」（一九六六年〜）の主題歌には、このような歌詞があります。

「俺の目をみろ　なんにもゆうな　男同志の　腹のうち」

言葉を交わさなくとも想いを通じ合える、そんな信頼感や、価値観の共有。そういった熱い関係性がやくざ映画では美学として通底しています。多くを語らなくとも、遠くにいようとも、「あいつはこう思っているにちがいない」「あいつならきっとこうする」「あいつのためにこうしよう」――そう思い合える間柄が描かれています。

代表例は高倉健の人気シリーズ「昭和残侠伝」です。これは、毎回お決まりのパターンがあります。主人公の花田秀次郎（高倉）は任侠精神を重んじるやくざ。敵対する悪のやくざには、渡世の義理のために心ならずも加わっている流れ者・風間重吉（池部良）がいる。両者は互いに相通じるものを感じ合う。そして、最後に秀次郎が雪が舞い散る中を敵地へ単身で向かおうとすると、そこに風間が待っているわけです。風間は一言、「ご一緒させていただきます」とだけ言う。秀次郎は何も言いません。そして、二人は並んで敵地へ向かっていく。

風間がなぜ秀次郎につくのか。それを受けて秀次郎はどう思ったのか。言葉で説明されることはありません。「ご一緒させていただきます」。その一言だけですべてが表されてしまう――そんな間柄なのです。だからこそ、何も言わずにただ並んで歩いているだけなのに、双方の間に流れている熱い感情が伝わってきて、とてつもなく「画」になるのです。

また、同じく高倉健主演の「日本侠客伝」シリーズ（一九六四年〜）などでは、その流れ者を途中で死なせる展開にして、敵に対する主人公の怒りのトリガーとして大きく盛り上げる役割にしている場合もあります。

また「日本俠客伝」を生み出した脚本家の笠原和夫は、それをひっくり返して「何も言わずに分かりあえていたはずの二人が、立場の変化や間に入った人間の奸計により、通じ合えなくなり対立関係に――」という悲劇的に盛り上げるドラマを考案、『博奕打ち　総長賭博』（一九六八年、山下耕作監督）、『仁義なき戦い』（一九七三年、深作欣二監督）、『県警対組織暴力』（一九七五年、深作欣二監督）といった傑作を生みだしていくことになります。これについては、また改めて詳しく掘り下げます。

――というわけでして、「やくざ映画とはこういうもの」で「こういう魅力がある」というのは、なんとなくご理解いただけたのではないかと思います。完璧に頭に入れる必要はありません。「なんとなく」の感じで興味を持っていただけたら、それで十分です。

次章からは具体的な話に入っていきます。

第二章
やくざ映画の歴史

①時代劇に描かれるやくざたち

この章では、やくざ映画の現在に至る歩みについて解説していきます。

やくざ映画というジャンル、あるいは個々の作品はどのような背景から生まれたのか。そして、どう変遷し、その変遷の中からどのようなバリエーションが誕生したのか——。

その前にまず、時代劇の中で描かれるやくざの話を大まかにしておきます。実はここで後のやくざ映画に通じる基本的なドラマツルギーはできているのです。

時代劇の主人公として出てくるやくざは、大きく分けて2パターンになります。

一つ目は「侠客」。どこかしらの町に「一家」を構え、子分を持ち、「任侠精神」に基づいて庶民を助けて、彼らを苦しめるやくざや時には権力者とも対峙する。そんな存在です。代表的なところでは清水次郎長や国定忠治がおり、その活躍は時代劇映画や浪曲、講談で庶民に広く親しまれていました。いわば、「ファンタジーとしてのやくざ」の理想像ともいえるヒーローです。

二つ目は「渡世人」。どの一家にも属さない一匹狼です。戸籍から外れた存在であるため、アウトローとして世間からは蔑まれていたり、厄介者として疎まれていたりします。当人たちもその意識はあり、基本的には自らを卑下しているため、できるだけ世間一般とは関わろうとしません。それだけに、いつも寂しさや孤独の影がある。「日陰者ヒーロー」の原点といえる存在です。

彼らは旅から旅へ一人で回り、行く先々で「一宿一飯の義理」のためにトラブルに巻き込まれていく。特に長谷川伸という作家がこれを描くのを得意としており、『関の彌太《やた》ッぺ』『沓掛《くつかけ》時次郎』『瞼《まぶた》の母』『一本刀土俵入』などの名作を残しています。多くの作品では、人並みの幸せを求めようとした主人公が結局はやくざであるがためのしがらみゆえに、そこに届かない——という悲劇のドラマになっています。先に述べた「義理」と「人情」の間で葛藤する主人公像というのは、そうした長谷川伸のドラマツルギーがベースになっているのです。「座頭市」や「木枯し紋次郎」はその派生形にある時代劇ヒーローといえます。

②ギャング映画

現代劇映画でやくざの存在が大きくクローズアップされたのは、一九四八年の黒澤明監督作『酔《よ》いどれ天使』でした。ここでは、三船敏郎の演じる闇市で顔を利かせる若きやくざを通して、やくざ社会の姿やその激しい抗争が描かれています。

ただ、これはあくまで作家映画の一人の登場人物に過ぎません。娯楽映画の一ジャンルとして確立されるのは、もう少し後になります。

先ほど、やくざ映画の大きな特徴として「アナクロ性」を挙げました。が、実はスタートはその正反対でした。

敗戦後の日本はアメリカに憧れ、理想としてきました。そして、文化や習慣はアメリカナイズされていきます。そうした流れは映画界でも例外ではありませんでした。

戦前から、ハリウッド映画には「ギャング映画」というジャンルがありました。黒ずくめのハットとスーツをまとったギャングたちが銀行強盗をしたり、現金を奪い合ったり、ギャング団同士で抗争をしたり――という内容なのですが、これが日本でも人気を博します。そして、戦後になってアメリカ文化の影響を強く受けていく中で、日本でもギャング映画が作られることになります。

服装や武器や物語はハリウッドのギャング映画のまま。違いはというと日本の俳優が演じているということと、日本にはやくざ組織があるのでギャングをそれに当てはめているということ。つまり、ギャング映画＝やくざ映画ということができるわけです。

ギャング映画を日本に持ち込んだのは、ハリウッド的な洗練を意識して映画製作をしていた東宝でした。その最初の作品が、往年のハリウッド映画からそのままタイトルを持ってきた一九五六年の『暗黒街』（山本嘉次郎監督）。さらに岡本喜八監督の『暗黒街の顔役』（一九五九年）、『暗黒街の対決』（一九六〇年）と続きます。いずれも主演は鶴田浩二と三船敏郎。それぞれの友情と対立、やくざ組織との対峙が軽快なアクションとスリリングな物語展開の中で描かれていきます。

一方、この時期に新東宝では、石井輝男監督が『黄線地帯　イエローライン』『黒線地帯』（いずれも一九六〇年）、『セクシー地帯』（一九六一年）といった「地帯（ライン）」シリーズを連発します。これは、ハリウッドのギャング映画の要素だけでなく、五〇年代に流行したフランスのノワール映画（犯罪映画）の影響も加わり、よりスタイリッシュで猥雑な魅力の作品になっています。

その後、東映の東京撮影所長・岡田茂が東宝から移籍した鶴田浩二、新東宝から移籍した石井輝男を組ませて六一年に『花と嵐とギャング』を製作。この成功により東映がギャング映画を「路線」としていきました。俳優では同じく新東宝から移籍の丹波哲郎や東映が売り出し中だった高倉健、千葉真一ら、監督ではデビュー間もない深作欣二らが加わり、数年のうちにギャング映画が量産されます。

こうしたギャングたちは基本的に、主役サイドも含めて任侠精神のような価値観は持ち合わせていませんし、義理もありません。己の欲のために襲撃を繰り返し、仲間割れもする。アメリカナイズされた個人主義の持ち主たちの闘いとして描かれています。服装は洋装、武器は拳銃かマシンガン、人物は個人主義——そうしたアメリカの影響をストレートに受けた都会的なポップさの中で、やくざ映画は歩み出したのです。

③「路線」と「シリーズ」

さて、ここからいよいよ「ジャンル」としてのやくざ映画の興亡の話に入っていきます——が、その前にもう一つ説明させてください。

それは、一九五〇年代から七〇年代にかけての日本映画のシステムです。今とは全く異なる状況にあったので、これが分からないと「なんでこんなにたくさんのやくざ映画が次から次へと作られたのか」、そして「なんでこうも一気に作られなくなったのか」が理解できなくなる恐れがある。たとえば、先に「東宝」「新東宝」「東映」「撮影所」「路線」という用語をサラッと書きましたが――これ、映画にあまり詳しくない方はよく分からないかもしれませんよね。といって、一つ一つ丁寧に説明すると退屈なだけになりかねません。ですので、「これだけ念頭に入れておけばこの先の話が分かりやすい」というレベルのことをざっくりとだけ解説します。

この時期、映画会社は東宝、松竹、大映、東映、日活、新東宝（※新東宝は六一年に倒産）という六社があり、それぞれに撮影所と直営の映画館を有していました。五〇年代から六〇年代前半までの映画興行は空前の好況にあり、「とにかく作れば作るほど観客が入る」という状況で、各社ともに毎週から隔週ごとに番組を変える二本立て興行を続けていました。そのために「自前の撮影所で作った映画を直営の映画館でかける」という体制を敷いて映画を量産していたのです。そして、スターや監督はそれぞれの映画会社と専属契約が結ばれ、他社作品に関わることは禁じられていました。

他社に先んじるため、それぞれのターゲットとする客層に合わせて各社とも「会社カラー」を意識し、それに合わせた「路線」を敷いて映画の企画を立てていきました。そして、その「路線」の中から人気になったものが「シリーズ」となるのです。

たとえば、東宝は都市在住のホワイトカラー層をメインのターゲットにして、企業や大学を舞台にした都会的で健全な「会社カラー」を形成。明朗なサラリーマンものや青春映画の「路線」を敷き、そうした中から森繁久彌主演「社長」シリーズや加山雄三主演「若大将」シリーズが生まれていきました。東映だと逆に地方や下町の肉体労働者を意識、泥臭さやアナクロ性を会社カラーとしてヒーローものの時代劇路線を敷き、市川右太衛門主演「旗本退屈男」シリーズや中村錦之助主演「一心太助」シリーズなどが作られます。

つまり、人気の「路線」と「シリーズ」をいかにして生み出すかが、会社の浮沈を左右する最重要事項であり、一つそれが確立されると一気に量産していたのです。

ちなみに、東映は京都と東京の双方に撮影所があり、京都は時代劇、東京は現代劇がメインでした。が、時代劇は絶好調だったのですが現代劇は今一つ興行的には上手くいかず、「路線」と呼べるものが確立できずにいました。そのために岡田茂は新たに東京で「ギャング映画」という路線にチャレンジしていったのです。

④『女王蜂と大学の竜』『悪名』

アメリカナイズされた「ギャング映画」として始まった「やくざ映画」は六〇年代に変化します。戦前――特に明治末期から昭和初期を舞台に、着流し・角刈り・ドスというオールドファッションに身を包み、任俠精神を重んじるやくざたちが活躍し始めるのです。

一九六〇年に石井輝男監督が新東宝で撮った『女王蜂と大学の竜』がそのひな型でした。戦後すぐの新橋を舞台に、地元の露天商たちに慕われる組と、縄張りの乗っ取りを企む新興やくざの抗争が描かれた物語で、先に述べた「やくざ映画の物語フォーマット」の原型が見て取れます。

吉田輝雄の演じる主人公は「大学の竜」の異名の通り白いシャツにスラックスという洋装。ただ、彼と共に戦う地元側の組の親分――これを往年の時代劇スター・嵐寛寿郎《あらしかんじゅうろう》が演じているのですが、これが着流し姿でドスを片手に敵地へ乗り込むのです。古くからの任俠精神を大事にするやくざをビジュアル化する際、和装の方が分かりやすい。着流し＝「古き良き」任俠の美意識の具現化――という図式が、ここで出てきます。

ただ、あくまで弱小な上に経営危機の末期状況にあった新東宝の作品ですから、あまり世間に知られる作品ではありませんでした。「着流しやくざ」の魅力を広く知らしめることになったのは、翌六一年に大映で作られた『悪名』(田中徳三監督)でした。

これも、舞台は同じく戦後すぐ。通称「八尾の朝吉」という流れ者のやくざが主人公で、勝新太郎が演じています。河内《かわち》で育った暴れ者で、とにかく喧嘩っ早く博打と女に目がない。それでいて情にもろく、義侠心にあふれる。そんなガキ大将がそのまま育ったようなキャラクターが勝新太郎にぴったりと合い、それまで二枚目スターとして売り出されて今一つ伸び悩んでいた勝にとって初の当たり役となります。シリーズは全十六作が作られ、勝を大映の看板スターに押し上げていきました。

⑤『人生劇場　飛車角』

こうした流れを受けて、着流し姿のやくざたちのストイックな生きざまを描いた「任侠映画」を量産していったのが――ギャング映画の時と同様――東映でした。

京都の時代劇と並んで東京の看板となりつつあった東映のギャング映画ですが、もともと東京の作り手たちは社会派の意識が強かったこともあり、段々と暗く陰惨な、悲劇性の強い内容の作品が増えていきました。そのため、興行成績が落ちていく。一方、東映の屋台骨を支えていた時代劇が六二年に入って全く客が入らなくなります。明朗な勧善懲悪のヒーロー時代劇ばかりを量産したことが粗製乱造に繋がり、観客に見放されてしまったのです。東映は東西ともに新しい「路線」を獲得することが喫緊の課題となっていました。

そのような時に作られたのが、六三年の『人生劇場 飛車角』(沢島忠監督)でした。原作は尾崎士郎の書いた小説『人生劇場』。尾崎自身を投影した青年・青成瓢吉の青春物語が原作の主軸でしたが、岡田茂はそこをバッサリとカット。その中の一編である「残侠篇」で瓢吉と触れ合うことになる侠客・飛車角を主人公にした物語に新たに組み直しているのです。

舞台は大正時代の深川。飛車角(鶴田浩二)はおとよ(佐久間良子)という恋人がいながら、それに背を向けて「一宿一飯の義理」のために敵地へ殴り込んで懲役刑となります。一方のおとよはその間に飛車角の弟分の宮川(高倉健)と結ばれる。だが、その宮川もまた渡世の義理のために闘い、命を落としてしまいます。

義理のために恋に背を向ける男たちの生きざまを描き切った作品で、情念を哀感たっぷりに演じる鶴田浩二と、寡黙な中に不器用な武骨さを表現する高倉健、双方ともに当たり役のこの芝居が、任俠映画のキャラクターの基本形になっていくのです。

つい少し前まで（というよりも実は同時進行で）洋装に拳銃でギャング映画に出演していた鶴田と高倉は、その正反対ともいえる着流しやくざを演じることでスターとしての活路を見出していくことになります。

⑥東映・任俠映画路線スタート

『飛車角』が大ヒットを遂げたことで、岡田茂はこの着流しやくざを主人公にした映画を「任俠映画」路線として量産させます。そして、時代劇に代わる東映の大黒柱となったのです。

当時、高度経済成長にともない、テレビとマイカーの一般家庭への普及が急速に拡大しており、それまで映画興行を支えてきたファミリー層は映画館に来なくなっていました。そこで、こうした経済成長の繁栄から漏れたブルーカラー層、特に不良性の高い成人男性に東映は観客のターゲットを絞ります。そして、彼らが観やすいよう、深夜興行に力を入れていきました。「不良性感度」――これがこの時期の東映のキーワードでした。テレビやレジャーの健全性に向かった一般客を切り捨て、不健全さであえて勝負しようとしたのです。任侠映画路線は、その中心に据えられます。

その牽引役となったのが、俊藤浩滋《しゅんどうこうじ》プロデューサーでした。

実際のやくざ社会にも深く通じていた人物で、そのために芸能関係の知己も多く、さまざまな局面でフィクサー的な役割を果たしていました。鶴田浩二の東映移籍も彼の力によるものが大きかったと言われています。その関係で映画もプロデュースするようになっており、岡田茂は任侠映画路線を彼に預けます。

元々、『飛車角』を「甘ったるい世界だ」と否定していた俊藤は「本物の迫力を見せる」と六四年に同じく鶴田浩二主演で『博徒』（小沢茂弘監督）を企画します。関西で実際に行われていた賭博の実態を生々しく見せる一方で血まみれの殺陣《たて》も展開、まさに「不良性感度」そのものといえる迫力の作品を作り上げます。

さらに同じく鶴田＝小沢コンビの『監獄博徒』（一九六四年）は刑務所内部の実相を映す

とともに、そこに収監されているやくざたちの因習やしきたりを前面に出した作りになっています。いずれの作品も、本当の裏社会を知る俊藤だからこそ描けた作品でした。

そして両作の大ヒットにより、東映は東西ともに任俠映画一色になっていきました。

⑦高倉健の快進撃

東映の任俠映画路線は鶴田・高倉の二枚看板で邁進していきますが、特に興行面で支えたのは高倉健でした。

「網走番外地」シリーズ（一九六五年〜）を筆頭に、「日本俠客伝」「昭和残俠伝」の三大シリーズ全てが大ヒット。六〇年代半ばから七〇年代初頭にかけ、毎年数本が日本映画全体の年間配収ベストテン入りしています。

が、実は当初、東映としては高倉を鶴田と並ぶ二枚看板にする予定はありませんでした。高倉健を任俠スターに押し上げたのは、六四年の『日本俠客伝』（マキノ雅弘監督）です。

これは最初は時代劇のトップスターだった中村錦之助主演の企画で、高倉健は二番手のポジションでした。ところが、その前に錦之助が主演で撮っていた作品の撮影が延びてしまい、『日本俠客伝』が予定していた公開日に間に合わなくなる可能性が出てきたのです。そこで急きょ、高倉健を主演に昇格させ、錦之助をゲスト的なポジションに回しました。ここでの高倉が好評を博し、任俠映画路線の主戦力になっていったのです。

さらにいうと、『網走番外地』(石井輝男監督)も最初は期待されていた企画ではなく、鶴田浩二の主演作との二本立てで、しかも鶴田の方がカラーで『網走番外地』はモノクロの低予算と、明らかに鶴田の方がメインという扱いでした。が、ここでも『網走番外地』が大好評となったため、すかさず第二作の製作が決定し、これが大ヒット。以降、東映史上に残る大当たりのシリーズとなっていきました。高倉健は期待の低さを、実力で振り向かせたのです。

⑧高倉健の三大シリーズ

この高倉健の三大シリーズ、実は内容は全く異なっており、高倉健の魅力も多彩なものになっています。

「日本俠客伝」シリーズは基本的には下町を舞台に、町の衆の兄貴分的存在の気風《きっぷ》のいい江戸っ子のキャラクター。一作目の錦之助以来、鶴田浩二や池部良などの大物俳優がゲストとして出演し、彼らは途中で非業の死を遂げます。そして、その無念と怒りを胸に敵地へ乗り込むというのが基本的な展開。下町を舞台に賑やかなお祭り騒ぎの中で粋な江戸っ子ぶりを楽しむことができます。

「昭和残俠伝」シリーズでは第一章でも紹介したように、寡黙で武骨な着流しやくざ・花田秀次郎を演じます。そして、池部良の演じる風間重吉とのバディものとしての魅力がある。最後に敵地に乗り込む際には、背中から敵に斬られ、着流しが裂ける。すると、背中一面に見事な唐獅子牡丹の彫り物が現れ、それと同時に凄まじい殺気をみなぎらせて敵を斬っていきます。最後は「死んでもらいます」の決めゼリフとともに、敵の親分を斬る。

そして「網走番外地」シリーズです。第一作は高倉健の演じるやくざ・橘真一が網走刑務所に収監されるところから始まり、看守や牢名主との対立を経て脱獄するという、アクションやサスペンス色の強い内容になっています。終わり方も含めて、本来ならシリーズ化されるような作品ではありません。ところが、これが当たったものだから、次から次へ、年に約三本のハイペースで作られていきました。

困ったのは、シリーズを一人で任された石井輝男監督です。もともとがシリーズ化を前提にしていない作りでしたから、続編自体も作るのが難しい状況。それでも、「橘真一の出所後」という設定にして、なんとか続編を撮りました。すると、これも大ヒットし、三作目を作らされます。

結局、「刑務所内の人間模様→出所→訪問先でトラブルに巻き込まれる→悪党を倒す→刑務所にまた戻る」「次回作では前作の流れは一度リセットされ、またすぐに出所」というパターンを確立して乗り切っていくことにします。が、アイデアマンの石井監督は物語のフォーマットは毎回同じにしながらも、テイストは変化させます。コメディ、オーソドックスな任俠映画、西部劇、ロードムービー、不良少年の更生――毎回毎回、手を替え品を替えていったのです。そして、どの作品も基本的には陽気なノリ。高倉健は田中邦衛、由利徹といったレギュラー陣相手にすっとぼけた軽妙な喜劇芝居を見せています。

⑨三島由紀夫と『総長賭博』

一方の鶴田浩二は、ドラマ性、精神面で東映任俠映画の象徴となります。

高倉健が切れ味の鋭い三白眼の殺気なら、鶴田浩二の目は憂いを帯びた眼差し。高倉健の殺陣がボクシング仕込みの堂々たる体躯を活かしてのダイナミックなものなら、鶴田浩二の殺陣はなで肩を活かしての傷つきながら全身でぶつかっていく殺陣——といった具合に双方の演じるやくざ像は全く異なっています。高倉健がカラッと乾いた感じが魅力の「陽」のヒーローとするなら、鶴田浩二は徹底して「陰」ということができるでしょう。忍耐や哀愁を背負い込み、日陰者の情念を全力で演じ切る。それが鶴田浩二です。

そんな鶴田浩二の魅力が爆発した作品が、六八年の『博奕打ち 総長賭博』でした。その詳しい内容や脚本を書いた笠原和夫が作品に込めた想いは、第四章で解説します。

ここで鶴田浩二の演じたやくざは義理や掟を細かい点まで徹底して守り抜く男と設定されています。そのために、ひたすらがんじがらめになっていくのですが、自らが苦しむだけでなく、妻、妹、友——と、周囲の人間をも悲劇に巻き込んでしまう。それでも、己の美学を変えることができない。耐えて、苦しんで、精神的にのたうち回る。そんな男の業《ごう》を鶴田浩二は全身全霊で演じました。

そして、これを大絶賛したのが三島由紀夫でした。三島は『映画芸術』一九六九年三月号で次のように記しています。

「これは何の誇張もなしに『名画』だと思った。何という自然な必然性の絲が、各シークエンスに、綿密に張りめぐらされていることだろう。セリフのはしばしにいたるまで、何という洗練が支配しキザなところが一つもなく、物語の外の世界への絶対の無関心が保たれていることだろう」

「何と一人一人の人物が、その破倫、その反抗でさえも、一定の忠実な型を守り、一つの限定された社会の様式的完成に奉仕していることだろう」

「何という絶対的肯定の中にギリギリに仕組まれた悲劇であろう。しかも、その悲劇は何とすみずみまで、あたかも古典劇のように、人間的真実に叶っていることだろう」

当代の文豪による大絶賛を受けて、「日陰のヒーロー」であった任俠映画に文学的価値が認められるようになり、批評家たちからも注目される存在となっていきました。

⑩他社も追随《大映》《松竹》《日活》

こうした東映の快進撃を、他社も傍観していたわけではありません。各社ともに、やくざ映画の製作に乗り出していきました。

《大映》

すでに勝新太郎主演の「悪名」が人気シリーズとして定着していましたが、これに勝と二枚看板であった二枚目スター・市川雷蔵もやくざ映画の戦線に加わります。

これまでは「眠狂四郎」などのニヒルな美剣士を得意とした雷蔵でしたが、六五年に始まる「若親分」シリーズでは上半身の刺青を見せながらドスを振るう着流しやくざを演じることになります。これは、日露戦争前後が舞台になり、海軍士官だった若者が父の跡を継いでやくざの親分になり、敵対するやくざと闘うというもの。雷蔵は六九年に早世してしまいますが、その遺作となったのも『博徒一代 血祭り不動』（一九六九年、安田公義監督）という任侠映画でした。

また、江波杏子主演の「女賭博師」シリーズ（一九六六年〜）もあります。

これは、「男の世界」とされて女性はあくまでも添え物的な扱いだったやくざ映画にあって、女性を主人公にするという思い切った企画でした。賭場でサイコロを振るう「壺振り師」として修業を積んだヒロイン「お銀」がサイコロの腕で男社会を堂々と渡っていきます。江波杏子の貫禄と凄味が、ヒロイックなカッコよさをもたらし、お銀がサイコロを壺に入れる際の「入ります」というセリフが人気を博しました。

《松竹》

ホームドラマ、人情喜劇、文芸作品を会社カラーとしてきた松竹でも、この時期に意外な人物が参戦してきます。それが安藤昇。戦後すぐに実際に組を率いていた元やくざです。一九五八年、実業家の横井英樹を襲撃した事件で逮捕・収監された際に堅気になり、出所後に俳優に転向しました。そして、六五年に自らの自叙伝を映画化した『血と掟』（湯浅浪男監督）で自身の役を演じて主演デビュー。その後も『男の顔は履歴書』（一九六六年、加藤泰監督）など二一年間で七本のやくざ映画に主演しています。

《日活》

日活は五〇年代、石原慎太郎原作の『太陽の季節』（一九五六年、古川卓巳監督）、『狂った果実』（一九五六年、中平康監督）という「太陽族映画」をキッカケに戦後世代の若者たちから人気を博していきます。彼らを主なターゲットに、石原裕次郎や小林旭を主演にしてハリウッドの西部劇やギャング映画を模した「無国籍アクション」などアメリカナイズされた映画を作りました。こうした作品ではやくざはあくまで悪役。主人公に懲らしめられる存在でした。

が、六三年にそれが一転します。それまで青春映画で売り出していた若手の高橋英樹が着流しやくざを演じる『男の紋章』（松尾昭典監督）を製作。武骨な高橋の容貌は着流しや角刈りがよく似合い、日活の任侠路線の主軸となっていきました。

さらに小林旭が『関東遊俠伝』（一九六三年、松尾昭典監督）、『東海遊俠伝』（一九六四年、井田探監督）、『花と怒涛』（一九六四年、鈴木清順監督）、石原裕次郎が『鉄火場破り』（一九六四年、斎藤武市監督）で着流しやくざに挑戦。六八年の『遊俠三国志 鉄火の花道』（松尾昭典監督）はこの三大スターが共演し、それぞれに着流し＆刺青姿を見せ、日活の主流であった都会的なスタイリッシュさとは正反対の世界を展開しました。

⑪藤純子と『緋牡丹博徒』

ただ、この時期は東映の一人勝ちといえる状況でした。やくざ映画の量産体制に入るわけですが、そのローテーションを回していくには、鶴田・高倉だけではスターの数が足りません。そこで新たなスターたちを次々と抜擢していきます。

その一人目が藤純子《ふじじゅんこ》。俊藤プロデューサーの実娘です。

マキノ雅弘監督の下で演技を学び、時代劇や任俠映画の脇役でキャリアを積んできた藤純子に主演作の白羽の矢が立ったのは六八年のこと。大映の「女賭博師」シリーズの人気を見た俊藤が東映でも女俠客ものができないかと岡田茂に提案、それならばと岡田が藤純子を抜擢したのでした。

こうして作られたのが、『緋牡丹博徒』(山下耕作監督)です。舞台は明治時代。熊本の山間部、五木村で博徒の娘として生まれ育った矢野竜子は、父親を何者かに殺されたことで、自ら一匹狼のやくざとなってその犯人を捜す――という物語です。

背中に緋牡丹の刺青を入れ「緋牡丹お竜」を名乗って若くして堅気への道を自ら閉ざし、やくざ社会で「男」として生きていく覚悟を固めた女性のたくましくも悲劇的な生きざまを藤純子が熱演。小気味の良い鉄火肌でありながら、奥底には深い悲しみを押し隠す人物像からは、性を超越した魅力が放たれることになりました。

しかも、主人公が女性となったことで、これまでの「男と男の友情」とは異なり、ちょっとした恋愛感情のようなものが生じるようになります。毎回ゲストで登場するやくざたちと互いに想いを押し隠しながら物語を展開させていく——そんな色気が加わり、哀しみや切なさがより強く感じられるようになっています。

それに加えて、毎回最後に悪役たちと繰り広げる立ち回りも大きな魅力です。髪を振り乱し、顔に血のりが飛び散り、と激しいアクションを展開しているのです。

自ら日陰に生きることを選び、懸命に戦い抜くお竜の姿は、同じく日陰に生きる観客たちからすれば自分たちと同じ側にいてくれる稀有なアイドル的存在といえ、藤純子は鶴田・高倉とはまた異なるタイプのカリスマとなりました。

⑫若山富三郎の台頭

「緋牡丹博徒」シリーズをきっかけに任侠映画のローテーションに加わったのは、藤純子だけではありませんでした。毎回、お竜の助っ人として登場する「熊虎親分」を演じた若山富三郎も、ここで評価を高めて主演俳優の仲間入りをすることになります。

詳細は次章の「名鑑編」で述べますが、勝新太郎の実兄である若山は、長いこと不遇の時代が続きました。任侠映画でも、しばらくは悪役の一人という扱い。そうした中で鶴田浩二の相手役として頭角を現します。なで肩で哀愁の漂う鶴田と対峙する悪役として、堂々たる体軀で勇ましい若山はちょうどいいコントラストとなったのです。

そして、『緋牡丹博徒』が大きな転機となります。ここで若山の演じた熊虎は「シルクハットの大親分」の異名をもつ俠客。その名の通り頭にはいつもシルクハット、口元にはチョビ髭を生やすというコミカルな風貌。それでいて、お竜に惚れ込み、ピンチになると助っ人として現れる。設定として効いているのは、お竜と兄弟の盃を交わして「兄弟さん」と呼んでいる点。惚れ込んでいながらも「男と女の関係」は求めず、あくまで「やくざとやくざの関係」を貫いているのです。それでいて、時おり不器用な恋心を覗かせたりもするので、それが滑稽でもあり、切なくもあり。この役柄をモノにしたことで、これまで恐ろしい役柄ばかりを演じてきた若山にユーモラスさや人情味が加わります。

そんな若山の魅力を活かすために企画されたのが『極道』（一九六八年、山下耕作監督）。いつもダボシャツ、ステテコ、腰巻という出立ちで、大阪は釜ヶ崎を舞台に暴れまくる型破りな親分を描いた作品です。暴れん坊でありながら妻（清川虹子）には全く頭が上がらないという設定、本作をキッカケに公私ともに子分として「若山一家」を形成していくことになる山城新伍らとのコミカルなやり取り、マシンガンやダイナマイトを使った豪快なアクション――と、他の任俠映画とは明らかに一線を画した自由奔放な作りで、この路線にバリエーションを加えることになりました。

⑬人斬り五郎と渡哲也の飛躍

一方、日活でも新しいスターが誕生します。それが渡哲也。デビュー当初は石原裕次郎の後継者として期待され、若手時代に裕次郎が主演した作品のリメイクに挑戦しています。が、都会的で颯爽とした裕次郎と、泥臭く硬質な渡とでは俳優としての雰囲気が大きく異なっており、なかなかスターとして一本立ちできずにいました。

そこで六七年に日活は「渡なりのヒーロー像」を模索していくことになります。そして行き当たったのが、『紅の流れ星』（舛田利雄監督）でした。

これまで日活のスターたちが演じてきた、健全でストイックなヒーローたちとは明らかに異なる、身勝手で不良性の強い主人公像を渡は生き生きと演じていました。

そして渡は、翌六八年に同じく舛田とのコンビで決定打となる作品にたどり着きます。それが『「無頼」より 大幹部』でした。

ここで渡が演じたのは、チンピラの五郎。全身から怒りや苛立ちを放ち、目には狂気を宿し、そして泥臭く血生臭く、身体ごと敵にぶつかっていく――。そんな、石原裕次郎たちが築いてきた颯爽とした日活のヒーロー像とは対極にあるキャラクターが、不器用ながらも全身全霊で演じようとする渡の演技スタイルや生来の野性味とぴったり合致しました。

当時の映画界では、代名詞ともいえるシリーズ作品を得ることがトップスターの条件でした。そして、この「無頼」シリーズは、渡にとって初めての人気シリーズとなります。

こうして渡は「第二の裕次郎」のイメージから完全に脱却、泥臭い狂気を前面に独自のカラーを築き上げていきます。

また、これまでの日活にはいなかったヒーロー像を演じてのけた渡に、若手監督たちが興奮します。第一作で舛田の助監督につき、シリーズ第二作となる『大幹部　無頼』で監督デビューすることになる小澤啓一は第二作ではドブ川、第三作では塩田という、それぞれ強烈な情景を用意して、短いドス一本で渡に体当たりのアクションをさせています。

ここから日活は『関東破門状』（一九七一年、小澤啓一監督）、『斬り込み』（一九七〇年）『関東幹部会』（一九七一年、いずれも澤田幸弘監督）、『新宿アウトロー　ぶっとばせ』（一九七〇年、藤田敏八監督）など、渡と若手監督たちの組み合わせを主軸に、着流し姿の古いやくざではなく現代やくざを主人公にした新時代のやくざ映画を創出していくことになります。

⑭七〇年代初頭の映画状況

ただ、渡哲也が日活で輝けた期間は、決して長くありませんでした。

六〇年代末から七〇年代初頭にかけて、日本映画界は壊滅的状況に陥ります。観客がまるで入らなくなっていたのです。そうなると、「作れば作るほど客が入る」状況を前提にした量産体制は、むしろ足かせとなっていきました。撮影所に大量に抱えていた社員スタッフたちの処遇に各社とも苦慮することになったのです。互いの生存を懸けて、労使間の闘争が先鋭化していきます。

そうした中で、都心の一等地に大型の映画館を擁する東宝は興行部門にシフトし、制作部門は別会社として切り離します。そして、洋画配給や外部プロダクションとの提携に活路を見出します。日活は制作部門を大幅に縮小、作品も低予算の成人映画「ロマンポルノ」をメインにすることになり、石原裕次郎、小林旭、浅丘ルリ子、吉永小百合、高橋英樹、渡哲也といったスターたちはフリーになっていきます。

大映に至っては、会社自体が倒産し、東西の撮影所は組合が管理することになります。東映のやくざ映画だけが、日本映画界の孤塁を守っている状況でした。が、それもまた一つの転機を迎えようとしていました。

⑮スターたちの退場

六〇年代の終わり、東映の任俠映画路線は興行的な成功だけでなく批評的にも認められるようになり、その絶頂期を迎えていました。が、七〇年を過ぎた頃になるとガタッと集客力が落ちていきます。約五年以上にわたり年間五十本以上を作ってきたことで、作り手、演じ手、観客——その全てが疲弊しつつあったのです。

鶴田浩二の作品は、前述したように『博奕打ち　総長賭博』が三島由紀夫の評価を受けたことでその呪縛に囚われてしまいます。批評的な目を気にするようになり、どんどん観念的な内容になって娯楽性が失われていきました。そうなると、日頃の憂さ晴らしのためにやってくるメインの観客層の心は離れてしまいます。

頼みの綱は興行の大黒柱でもある高倉健ですが、三大シリーズを中心に年十本前後の任侠映画に主演・客演し続けたことで、「また同じような作品か——」と本人の中で飽きと不満が生まれます。そのため毛色の異なる映画を希望して七三年には『ゴルゴ13』(佐藤純彌監督)に主演しますが、これもうまくいかない。そうした中で七六年に東映から独立、その数年前から出演本数は大幅に減っていきました。

若山富三郎は、七二年に弟・勝新太郎が率いる勝プロダクションが東宝と組んで時代劇『子連れ狼』(三隅研次監督)を製作すると、たっての願いでそちらに主演。これが東宝にとって起死回生の大ヒットとなり、好条件でシリーズ化が決定します。若山はやくざ映画から「子連れ狼」へ軸足を移していきました。

そして、なんといっても大きかったのは藤純子の結婚引退です。六六年のNHK大河ドラマ『源義経』での共演で尾上菊之助（現・菊五郎）と知り合った藤純子は、七一年に婚約を発表したのです。まだ二十六歳。演技者としてもスターとしてもこれから円熟味を増そうという時期でした。しかし梨園《りえん》の名家に嫁ぐことは、女優引退を意味します。

任俠映画が退潮に向かう中での藤純子の離脱は、致命的なダメージでした。七二年三月に「藤純子引退記念映画」と銘打たれた映画『関東緋桜一家』（マキノ雅弘監督）が公開されます。最後は町の衆に見送られながら藤は去っていきます。「みなさん、お世話になりました」と、画面正面、つまり客席方向に頭を下げて――。

彼女なりの、これまで応援してきてくれた観客に対する感謝を込めた挨拶だったのかもしれません。が、現実逃避を任俠映画に求めて映画館に来た「日陰者」の男性観客たちからすると、「日陰者のミューズ」であった藤純子から最後の最後に現実を見せつけられることになったのです。これは、任俠映画が保ってきたファンタジーの喪失を意味し、多くの観客が夢から覚めてしまう結果となりました。
一つの時代が、こうして終わっていきました。

⑯深作欣二と菅原文太

日本映画が断末魔の叫びをあげた七〇年代初頭、東映東京撮影所では新時代を告げる監督―主演コンビが誕生しています。それが深作欣二監督と菅原文太でした。

やくざ映画からファンタジーが喪失した時代と前後して、今度は生々しさを帯びた新たなスターが誕生します。それが菅原文太でした。元々は新東宝のスター候補生だったのが、会社がつぶれたため松竹へ。ここでなかなか芽が出なかったものの、安藤昇と出会ったことで共に東映に移籍します。東映でも当初は小さな悪役から始まりましたが、若山富三郎の相手役や藤純子の相手役を務めながら評価を高めていきました。そして、任侠映画の主役スターとしてのローテーションに入っていきます。

「関東テキヤ一家」(一九六九年〜)、「まむしの兄弟」(一九七一年〜)が主なシリーズで、型破りなやくざをコミカルなタッチで演じていきます。

一方、当時のハリウッドでは『ワイルドバンチ』（一九六九年）、『ダーティハリー』（一九七一年）、『フレンチ・コネクション』（一九七一年）といった、様式的な美しさのない、ザラついた生身の暴力が魅力となるアクション映画が人気を博するようになっていました。任俠映画の型にはまった様式的な世界や、任俠や義理を重んじる主人公の描かれ方に窮屈さを感じていた東映東京の深作欣二監督は、そうしたハリウッドの新時代の映画のような作品を日本でできないかと模索していました。

そんな折に菅原文太と出会ったのです。「同志を得た」――深作は後にそう振り返っています。それは菅原文太も同じでした。『キネマ旬報』一九七二年六月下旬号の対談で、二人は次のように語っています。

深作　彼には鶴田・高倉とは違った、形にはまらない〈暴力〉表現の可能性がある。

菅原　ぼくは、東映全盛の中で入って来た。いわば主流とは違う。主流の人たちは、それぞれパターンをつくり上げ、その中で大きな仕事をしている。ぼくの場合は、そうした間で、逆に任俠映画のパターンを破ろうとするところで存在していると思う。

生々しい暴力表現による任俠映画の破壊。それが二人の狙いでした。そして七二年に作られたのが『現代やくざ　人斬り与太』『人斬り与太　狂犬三兄弟』の二本。描かれるのは、怒りや鬱屈を暴力に叩きつけるしかない、破滅的な生きざまです。それをカメラも人間も激しく揺れ動く、躍動感あふれる映像で切り取っていく。人物像も演出も、これまでの任俠映画には見られない、荒々しいものでした。時代の閉塞をなんとしてでもぶち破りたい。そんな衝動に満ち満ちた作品になっています。

そして、このコンビがやくざ映画史における新時代の扉を開けることになるのです。

⑰『仁義なき戦い』

一九七二年、アメリカで映画『ゴッドファーザー』が公開されます。これはイタリア系マフィア組織の内情を描いた作品で、麻薬利権をめぐる抗争、警察とマフィアの癒着、映画界とマフィアの繋がり、抗争の中で生まれる裏切りと粛清、そして主人公側も決して清廉潔白ではなくえげつない手段を使う――といったピカレスクな刺激に満ち、アメリカだけでなく日本でも大ヒットを遂げます。

そして、こうした作品を日本でもできないかという動きが東映で出てきます。

ここまで、やくざ映画は実在のやくざをモチーフに描くことはあっても、実際に起きた現代の抗争事件をほぼそのままに題材にすることはありませんでした。あくまでもフィクションでありファンタジーであったからです。その一線が越えられることになります。

それが東映京都撮影所で撮られた『仁義なき戦い』（一九七三年）でした。戦後すぐから復興期にかけて広島は呉で起きた、やくざ組織内の抗争が生々しく描かれていきます。

東京で従来の任俠映画を破壊する作り方をしていた深作欣二＝菅原文太のコンビが今度は京都で大暴れする一方、『日本俠客伝』『博奕打ち　総長賭博』といった任俠映画の傑作を書いてきた笠原和夫が脚本を担当、互いの個性が融和して完成度の高い作品が生まれます。

内容はタイトルの示す通り、これまでの任俠映画で尊ばれてきた「仁義」のタガが外れた展開になっていきます。若い頃は互いに汗をかいてのし上がった者たちが立場を得るようになると利権や権力を巡って闘争を繰り広げ、子分が親分に歯向かい、親分は保身のために子分たちをいがみ合わせて操る。

その錯綜した人間関係を主人公の目線からではなく群像劇として描き、画面の隅々に至るまで人物たちが激しく躍動。アクションも、これまでのドスを使った様式的な美しさのある殺陣ではなく、拳銃を撃ちまくり、しかも撃つ時に腰が引けたり、転んだり、弾がなかなか当たらなかったりして様にならないリアルさ。そして、それを激しく揺れ動く手持ちカメラが追っていく――。かつてない熱気が画面から放たれることになります。

『仁義なき戦い』は大ヒット、東映としては起死回生の作品となりました。そして、すかさず『広島死闘篇』『代理戦争』と、一年のうちに三本のシリーズが矢継ぎ早に作られていきました。

⑱実録路線の興亡

『仁義なき戦い』を皮切りに、東映やくざ映画はフィクショナルな任侠映画から、実在の現代やくざの抗争を題材にした実録映画へと大きくその路線を変えていくことになります。

作り手側として助かったのは、一九六〇年代から神戸の山口組が全国制覇を目指して各地に進出、行く先々で地元組織と抗争を繰り広げていたことです。そのため、映画としてのネタが豊富にあったのです。

まだ当の事件が起きて間もないわけですから、それを映画化する上ではさまざまな障害も伴います。ただ、そこは任俠映画時代から東映が築き上げてきたさまざまな人脈や信頼がものをいいました。また、事件の記憶がまだ鮮明に残っているからこそ、生々しい迫力の中で描けた。よく言えば大胆、悪く言えば破れかぶれ、それが当時の東映でした。だからこそカオスな魅力が生まれたといえます。

これらの映画は、山口組サイドから描いても、あるいは敵対する側から描いても、スリリングな内容になっていきました。山口組側から描いた作品では『山口組外伝　九州進攻作戦』（一九七四年）、『日本暴力列島　京阪神殺しの軍団』（一九七五年、いずれも山下耕作監督）、山口組と対峙した現地のやくざから描いた作品では『実録外伝　大阪電撃作戦』『沖縄やくざ戦争』（いずれも一九七六年、中島貞夫監督）、『北陸代理戦争』（一九七七年、深作欣二監督）といった作品が挙げられます。

また、全国制覇を狙う山口組三代目・田岡一雄組長の青春時代を任俠映画風に描いた『山口組三代目』（一九七三年、山下耕作監督）も東映は製作。田岡を高倉健が演じ、全国の山口組関連の組員などを動員して大ヒットとなりました。

また、こうした路線は「実録」の名の通り「ドキュメント」としての色合いもあるため、これまでやくざ映画――どころか日本映画全体でもタブーとされてきたテーマも前面に押し出されるようになります。

たとえば、やくざと警察の癒着。本来なら両者は取り締まる側と取り締まられる側なので、あってはならないことなのですが、そこをえぐっていきます。『県警対組織暴力』では、暴力団対策課の刑事（菅原文太）が地元のやくざ幹部（松方弘樹）と兄弟分になる一方、県警幹部（梅宮辰夫）は新興やくざと組んでコンビナート開発の利権にまみれていくという構図。『やくざの墓場　くちなしの花』（一九七六年、深作欣二監督）では警察ＯＢの天下りのために作った警備会社と新興やくざの癒着、そのために手下のように動いて抗争に介入する県警――という展開になっていました。

また、関西での在日コリアン差別に関しても実録やくざ映画は描いています。『日本暴力列島　京阪神殺しの軍団』『やくざの墓場』では、根強い差別感情の中で生まれ育った在日コリアンが、その怒りや鬱屈を暴力にぶつけ、それによってやくざ社会でのし上がっていこうという情念が描かれました。

ただ、この実録路線は任俠映画路線に比べて長くは続きませんでした。

いくら映画は現実と別物のファンタジー、ここに出てくるやくざはフィクションの存在としたところで、現代を舞台に実在の人物や事件を題材にして、その見た目も角刈り・サングラス・スーツというファッションな上に主人公サイドまで凄味を利かせているとなると、普段から目にする現実のやくざ同様の「恐い人」という印象を持ってしまいます。しかも先に挙げたように、タイトルもとにかく殺伐としている。

そうなりますと、ファン層が任俠映画時代よりさらに狭まっていく。東映の映画館そのものが「恐い」という印象を持たれるようになり、多くの人を遠ざける結果を招いてしまいます。警察にもマークされます。そして何より、「実録」を謳う以上、ネタにも限りがありました。

そのため、スタートして三年強、七六年に入る頃には早くも興行としてジリ貧になってしまったのです。

⑲大作時代へ

東映が実録路線で、「二本立ての短期興行」という映画全盛期と変わらぬ量産体制を維持しようとしていたちょうどその頃、東宝は全く異なる形態によって状況を打破しました。それは、「一本立ての長期興行」という東映と正反対の手法です。つまり、路線を作って映画を量産していくのではなく、時間と予算を集中させて大作映画を製作、これを長期の一本立て興行として上映していくというものです。

映画を作れば作るほど観客が来る時代ではなくなっていたので、一本ごとの映画に豪華キャストやベストセラー原作や大宣伝といった観客の引きになる要素を盛り込み、その一本の儲けで全てを賄おうというのです。これに七六年から角川書店が新たに参入、『犬神家の一族』（市川崑監督）の成功により、その大作主義のビジネスモデルが確立されます。

実録路線がジリ貧となり、といって他に代わる路線が出てこない中、東映も大作主義への切り替えを図ることになります。そして七七年に作られたのが『やくざ戦争　日本の首《ド》領《ン》』（中島貞夫監督）でした。

山口組三代目による全国制覇作戦を題材に、政財界を巻き込んだ大スケールで描こうというもので、ドン役を佐分利信が演じた他、菅原文太、松方弘樹、千葉真一、渡瀬恒彦といった実録路線で頭角を現していたスターたちに加え、鶴田浩二も久しぶりに参戦。「映画演劇陣総出演」という触れ込みの豪華キャストが組まれます。二作目の『野望篇』（一九七七年、中島貞夫監督）では関東のドン役で三船敏郎が東映やくざ映画に初出演しています。

その後も『日本の仁義』（一九七七年、中島貞夫監督）、『日本の黒幕』（一九七九年、降旗康男監督）、『制覇』（一九八二年、中島貞夫監督）といった大作が作られていきますが、会社を支えるほどの目ぼしい成績とはなりませんでした。そもそも東映やくざ映画は「日陰者」のためのエンターテインメントなので、大作にして大動員を図るには不向きだったのです。

そうした中でやくざ映画の孤塁を守ろうとしたのが松方弘樹でした。久しぶりに前線に復帰した俊藤浩滋プロデューサーと組んで『修羅の群れ』（一九八四年、山下耕作監督）、『最後の博徒』（一九八五年、山下耕作監督）といった大作やくざ映画に主演しています。

いずれの作品も実在のやくざの親分の生涯を描いたオールスター作品ですが、「実録」というよりは、折り目正しく任侠精神にあふれる人物という描かれ方をしており、任侠時代に回帰したような内容になっています。これも、長くは続きませんでした。

⑳『鬼龍院花子の生涯』から『極道の妻たち』へ

生活スタイルや社会意識の変化にも伴い、八〇年代に入る頃は消費の主役は女性になっていました。それは映画に関しても同じです。女性客の動員が興行の成否の分かれ目になっていたのです。それは、当時の東映が最も不得意としてきたことでした。

そうした中で八二年、宮尾登美子の同名小説を原作に『鬼龍院花子の生涯』（五社英雄監督）が作られます。昭和初期の土佐を舞台に、地元の親分・鬼政（仲代達矢）とその養女・松恵の長きにわたる相克、そして妻妾同居をする鬼政との暮らしの中で葛藤を抱える正妻・歌（岩下志麻）らのドラマが、闘犬に端を発するやくざの抗争とともに描かれていきます。抗争はむしろ背景的な要素であり、メインとなるのは父娘の愛憎や女性たちの葛藤なので、家族のドラマ、女性のドラマとして女性客に訴求することができました。

出演陣も厳ついやくざ俳優たちではなく仲代達矢に岩下志麻に夏目雅子と、一般客に受け入れられやすい面々がメイン。そのため、テレビでのスポットＣＭなども打つことができました。そして、CMで大きくフィーチャーされた夏目雅子のセリフ「なめたらいかんぜよ!」は流行語となり、その効果もあいまって映画は大ヒットを遂げます。

そして、五社監督のこの路線は『陽暉楼《ようきろう》』(一九八三年)、『櫂《かい》』(一九八五年)と続き、八六年の『極道の妻《おんな》たち』へと繋がっていきます。

組長である夫が収監されている間、その妻(岩下志麻)が留守を預かり、抗争の指揮を執っていくという展開。それまでのやくざ映画では女性は添え物、あるいは抗争に振り回される悲しい存在として主に描かれてきましたが、ここではそれが一転。男たちを従え、進んで戦いに身を投じる。まさに、新時代のやくざ映画の在り方を見せました。

女性をドラマの中心に据えたことに加え、映像も荒々しさより格調高い重厚さを重視したものになっていることも、これまでの東映やくざ映画を敬遠してきた層を巻き込めた大きな要因になっていると考えられます。

『極道の妻たち』は大ヒット、続いて十朱幸代、三田佳子と主演女優を替えながらシリーズを重ねます。そして第四作『最後の戦い』(一九九〇年、山下耕作監督)で再び岩下志麻が復帰。ここで終了する予定でしたが、これが予想以上のヒットを遂げたことで、シリーズの続行が決定します。そして、九八年の『決着《けじめ》』（中島貞夫監督）まで全十作が製作されています。

東映としては『仁義なき戦い』以来久しぶりのロングシリーズでした。興行成績自体は決して満足いくものとは限りませんでしたが、テレビ放映権料やビデオ販売が好調だったのが大きかった。内容面だけでなく、その売れ方も時代に即したものといえます。

そして一連のシリーズは、八〇年代の終わりから九〇年代にかけての東映では、唯一ともいえる収入を期待できる映画となり、その屋台骨を支えました。

㉑独立系の奮闘～『セーラー服と機関銃』と『竜二』

八〇年代、東映が格調高さをやくざ映画に持ち込むことで生き残りを図る一方、独立系の作り手たちが新たな文脈のやくざ映画を送り出すことになります。

一つは『セーラー服と機関銃』（一九八一年、相米慎二監督）です。『犬神家の一族』で映画界に参入して以来、超大作の一本立て興行で旋風を起こした角川でしたが、八〇年の『復活の日』（深作欣二監督）が興行的に振るわなかったことで映画の規模を縮小させます。そして、小規模の作品を二本立てで作ることにしたのです。『セーラー服と機関銃』は、その路線の第一作でした。

赤川次郎の同名小説を原作に、組長の跡目を急に継ぐことになった女子高生の泉（薬師丸ひろ子）と、代貸の佐久間（渡瀬恒彦）ら組員たちとの交流が、敵対する組織との抗争を通して描かれます。やくざ映画のパロディ的な設定の面白さだけに留まらない濃厚な人間ドラマや、敵対する組長（三國連太郎）の憎々しいまでの厭らしさが駆り立てる抗争の激しさ、相米慎二の織り成す奇抜なアングルの数々、そして何より薬師丸の瑞々しさ――。

こうしたいくつもの魅力に満ちた作品は多くの観客を魅了、劇中でマシンガンをぶっ放した薬師丸が言う「か・い・か・ん」というセリフがテレビCMで何度も連呼されたことも効果的で、この年のナンバー1ヒット作となります。

組の跡継ぎになるはずだったやくざと婚約したシスター（志穂美悦子）が、婚約者の非業の死を受けて自ら抗争の最前線に向かう角川映画『二代目はクリスチャン』（一九八五年、井筒和幸監督）も、この流れにある作品といえるでしょう。

一方、同じ独立系でも角川が大資本であるのに対して、八三年の『竜二』（川島透監督）

は自主映画として製作された作品が全国公開となった珍しいケースです。新宿を根城にする強面のやくざ・竜二（金子正次）が妻子のために足を洗い、堅気として生活を始めるという展開は従来にないものでした。

描かれるのは抗争ではなく、やくざたちの日常。そこに映し出されるのは、従来のような勇ましかったり、カッコよかったり、強かったり――というようなヒロイックな姿ではありません。「やくざ」として日々の生活を暮らす、等身大の人間像でした。その様は情けなくもあり、微笑ましくもあり。やくざもまた、我々と変わらない「一個の人間なんだ」と伝えてきます。堅気になってから見せるほのぼのとした様も印象的です。

本作を映画史上でも忘れがたいものとしたのは、その内容の素晴らしさもそうですが、脚本を書き主演もした金子正次が公開直前に亡くなってしまったことです。自身の脚本が映画化されることを夢見続けてきた金子でしたが、その賞賛の声を聞くことはできなかった。そのことも、『竜二』を伝説のやくざ映画たらしめたのでした。

金子は生前に五本の脚本を書いており、その全てがやくざ映画でした。そして、その中の『竜二』を含めた四本、『チ・ン・ピ・ラ』（一九八四年、川島透監督）、『ちょうちん』（一九八四年、梶間俊一監督)、『獅子王たちの夏』(一九九一年、高橋伴明監督)が映画化されています。描かれるのはいずれも、やくざとして破滅的な青春を送る若者の群像でした。いつも死と隣り合わせでありながら、そこに魅了され、そこから逃れることのできない若者たち。それは、青春映画としての色合いの強いものでした。

㉒奥山和由と北野武

八〇年代、松竹は「男はつらいよ」シリーズ(山田洋次監督)に頼り切っている状況でした。その「男はつらいよ」一強の松竹にあって、それに反発し続ける映画を作り続けたのが奥山和由プロデューサーでした。七〇年代前半の深作欣二監督を信奉する奥山は、それとは全く正反対の会社カラーである松竹にあって『海燕ジョーの奇跡』(一九八四年、藤田敏八監督)、『カポネ大いに泣く』(一九八五年、鈴木清順監督)、『南へ走れ、海の道を!』(一九八六年、和泉聖治監督)、『さらば愛しき人よ』(一九八七年、原田眞人監督)、『陽炎《かげろう》』(一九九一年、五社英雄監督)といったやくざ映画を次々と送り出していました。

八九年の『その男、凶暴につき』は、そんな奥山がようやくたどり着いた深作欣二監督作品でした。が、深作と主演のビートたけしが対立してしまい、深作は降板します。このことが、思わぬ副産物を生みました。たけしが自ら監督することを申し出たのです。

たけしが演じる暴力刑事とやくざとの死闘が描かれるのですが、その描き方は深作とは対極。淡々とした中で、劇的に盛り上げることなく人間の死が積み重ねられていきます。当時のたけしの放つ危険な狂気とあいまって、冷たい恐怖の漂う作品となりました。

以降、たけしは本名の「北野武」として監督業に乗り出し、奥山とのコンビで二本のやくざ映画を撮ります。九〇年の『3－4x10月』は、沖縄でやくざの抗争に巻き込まれた一般人がやがて自身も暴力の衝動に憑かれていく様をシュールな映像で綴った一本。続く九三年の『ソナチネ』は同じく沖縄を舞台に、本土から助っ人として送られたやくざと現地の組が抗争する内容になっています。激しい抗争も描かれる一方、途中で目的を失って海辺で遊び惚ける牧歌的なシーンが長いこと続くなど、厭戦感、そして厭世観の色濃く出た作品になっています。

奥山との作品はここまでになりますが、その後も北野はやくざ映画を精力的に撮り続けます。二〇〇一年の『BROTHER』は日本で居場所を失ったやくざがアメリカに渡り、自ら麻薬利権を巡る抗争を巻き起こしながら大暴れする話。激しいガンアクションと、嬉々として暴力の渦に飛び込んでいく様を演じるたけしの狂気とが、凄まじい迫力を生みます。

そして、二〇一〇年には『アウトレイジ』が公開。幾重もの抗争が繰り広げられる中で、人物関係が激しく錯綜。「全員悪人」という公開時のコピーも合わせ、東映の実録路線以来ともいえる「強面やくざ」の迫力を前面に出した内容になりました。これが好評を得たことで、『ビヨンド』（二〇一二年）『最終章』（二〇一七年）とシリーズは続き、近年ではまれにみる、本格的な娯楽やくざ映画となりました。

㉓やくざ映画の現在地

九〇年代以降、やくざモノの主戦場は映画からＶシネマに移っていきました。八〇年代後半からのレンタルビデオ大流行の波を受け、東映ビデオをはじめとする各メーカーはビデオパッケージのオリジナル作品＝Ｖシネマの製作に乗り出します。そして、その中で多く作られたのが、アウトローもの、特にやくざの抗争を描いた作品でした。

竹内力、哀川翔、白竜、小沢仁志、清水健太郎、清水宏次朗、本宮泰風、大和武士とい

った、見るからに強面の俳優たちが目いっぱいに恐い顔をしたビデオやＤＶＤのパッケージが、ビデオショップの棚を大きくとって並んでいる様をご覧になった方も少なくないでしょう。

これらの作品は決して世間で大きく話題になることはありません。にもかかわらず、何十作とシリーズを重ねる作品が毎月のように大量にリリースされるということは、確実に一定以上の支持があるということなのです。やくざ映画全盛期の頃と同じく、世間の潮流に合わない、あるいは背を向けた人たちが個人的な愉しみとして向き合っているのでしょう。あの大量の強面パッケージ群は、そうした人々が今でも少なからず息づいていることを示しているのです。

映画は、そういったニーズを掬いきれませんでした。麻薬に溺れたやくざの狂気と転落を描いた細野辰興監督の『シャブ極道』（一九九六年）や、竹内力と哀川翔が凄まじいバイオレンスとともに対決を繰り広げる三池崇史監督の『DEAD OR ALIVE　犯罪者』（一九九九年）など、野心作も時おり作られましたが、あくまで突発的なもので長続きはしませんでした。二〇〇〇年に東映が『新・仁義なき戦い。』（阪本順治監督）として突如復活させた

「仁義なき戦い」シリーズも、二作目『謀殺』（二〇〇三年、橋本一監督）が作られたきりで終わっています。

そして、21世紀に入ると映画においてはジャンルとしてほぼ消滅してしまいました。

大きかったのは、コンプライアンスの問題です。警察がやくざを「暴力団」だけでなく「反社会的勢力」と位置づけ、それと付き合いがあるだけでも「罪」とされてしまった。そのために、映画界も芸能界も、やくざとの繋がりがなくクリーンであることをアピールするようになります。そうなると、やくざ映画は作ることも、出演することも、ためらわれるようになります。「やくざを肯定している」「ひょっとしたら付き合いがあるのではないか」――そう思われたら、社会的に抹殺される恐れがあるからです。

そうした中で二〇一八年に公開された『孤狼の血』(白石和彌監督)は「東映が久しぶりに本格やくざ映画を作った」と話題になりました。やくざまがいの刑事(役所広司)が抗争中のやくざの片方に肩入れして、もう片方を壊滅させようとする――という展開は、かつて東映で作られた『県警対組織暴力』を彷彿とさせるものがありました。

が、両者の間には実は大きな違いがあります。『県警～』の主人公は心からやくざに肩入れし、また作り手たちはやくざよりも県警を悪として描いていました（この話は第四章で詳しく述べます）。それに対して『孤狼』は、主人公の狙いはあくまでやくざの壊滅。片方に肩入れしているのも、そのための手段でしかありません。骨の髄まで警官であり、やくざを取り締まることを第一に考える、正義の執行者なのです。つまり、これは一見すると「やくざ映画」と思わせつつ、「やくざと対峙する刑事の活躍」を描いた「刑事映画」といえます。ただ一方で、作り手側が描きたいのは「やくざ」だということも伝わってきます。それでも、東映をもってしても、やくざを描くとなるとこうしたスタンスからでないと厳しい。そう思い知らされました。

そして、そんな風潮をストレートに描いた作品が二〇二一年に公開されました。それが『ヤクザと家族 The Family』（藤井道人監督）。当初はやくざの抗争が描かれる作品なのかと思いきや、後半にそれは一転します。抗争の果てに逮捕された主人公（綾野剛）が出所すると、世の中は何もかも変わっていました。暴対法の強化により、所属していた組は収入源を失い、日々の生活にも困窮する有り様。といって、堅気になったところで「元やくざ」ということが判明すると全てを失ってしまう。一度でもやくざになったら、あるいはやくざと親しくしたら、あるいはその家族になったら、社会的に生きる場所はどこにもなくなる。そんな過酷な状況が痛切に描かれていきます。ここでの「やくざ」はもはや「社会的弱者」なのです。

こうした作品を観ると、いくら「これはフィクションだ」「ファンタジーだ」といったところで、やくざ映画をエンターテインメントとして作るのはもう難しいのかもしれないと思い知らされます。そう考えると「世界のキタノ」のバリューもあって作れた「アウトレイジ」三部作は奇跡的な作品といえるのかもしれません。

――戦後から現在までの「やくざ映画」の流れを大まかに追ってみました。

次章からは、個別論に移ります。

第二章

やくざ映画俳優名鑑

A）主役編

やくざ映画は俳優の個性が他ジャンルに増して際立っています。彼らの演じるキャラクターの魅力が、そのまま作品の魅力といっても過言ではありません。しかも、その俳優のイメージが演じる役柄のキャラクターとして固定されていることが多い。そのため、作品を語る時も役名より俳優名のほうがしっくりきたりします。

つまり、俳優を知ることはやくざ映画を知ることであり、その俳優の芝居を楽しむことはやくざ映画を楽しむことでもあるのです。

まずは主演スターたちを紹介します。彼らは、作品の特徴を決定づける存在でもあります。ここを読んで気になるスターを見つけたら、その主演作品を追いかける……というのも「とりあえず」の入り口として楽しいと思いますよ。

①鶴田浩二（一九二四年〜一九八七年）

まずは、なんといってもこの人です。歴史編でも述べたように、日本のやくざ映画における基本的な精神は、鶴田浩二が体現しているといっていいでしょう。

〈やくざ映画への道〉

最初からアウトローの匂いを放っていたかというとそうではありません。一九三八年、十四歳の時に高田浩吉の劇団に入って俳優の道に進みます。その後、学徒出陣で徴兵された後、四八年に松竹で映画デビュー。若手二枚目スターとして人気者になりましたが、スキャンダルも多く、五〇年代の半ばにはフリーとなって各社の映画に出演します。

五八年からは東宝へ移籍。時代劇「眠狂四郎」シリーズに主演した他、「暗黒街」シリーズ、「柳生武芸帳」シリーズなどで東宝のトップスター・三船敏郎の相手役を務めました。そして、六〇年に東映へ移籍して、『花と嵐とギャング』に始まるギャング映画路線のエースに据えられます。この段階までの鶴田は颯爽とした二枚目のイメージのままでした。

〈やくざ俳優として〉

スターとしての地位は保ったままでしたが、代表作といえる作品には恵まれないまま三十代後半に差し掛かろうとしていました。その風貌には中年の疲れが見えるようになり、苦みや哀愁が漂うようになります。これが任俠映画路線に上手くはまったのです。

六三年の『人生劇場 飛車角』以来、義理を重んじるあまりに自らの幸福に背を向けて闘う男を鶴田は演じ続けます。人生を積み重ねていく中で獲得した、顔のしわ、憂いに満ちた眼差し、そして生来のビブラートのかかった声が、他の誰もが表現しえない哀愁を放ち、それが「日陰者のヒーロー」を演じる上でのこれ以上ない説得力となりました。時流に背を向け、古びた価値観に準じて自ら破滅への道を歩む。そんな自己完結のための闘いを、自分自身に陶酔しきったかのような、徹底して役に入り込んだ演技で表現しています。

元やくざだった東映のスタッフに「これまで数多くの俳優がやくざを演じてきましたが、その中で最も本物に近かったのは誰ですか？」と聞いたことがあります。そのスタッフは即座に「鶴田浩二だけが本物や」と答えてくれました。

〈鶴田浩二を観るなら、この二本！〉

そんな鶴田浩二の魅力を堪能できるやくざ映画といいますと、まずはなんといっても『博奕打ち 総長賭博』でしょう。やくざとしての筋道や掟を原理主義のように信奉し、それを悪党たちから利用されて友と戦うことになったり、妻や妹を悲惨な境遇に追いやってしまったり。そうした中で苦悩し、疲弊し、ボロボロになりながら、最後は自身が信じ抜いてきた「仁義」をかなぐり捨てて敵に刃を突き付ける――。その破滅に向かっていく鬼気迫る様は、まさに鶴田浩二の真骨頂といえます。

もう一本挙げるとするなら、『日本の首領』です。ここで鶴田が演じているのは、山口組（劇中では佐倉組）の全国制覇を成し遂げるために陣頭指揮を執る若頭・辰巳です。

その戦いは最終的には敗北に終わり、警察によって追いつめられていく。佐倉を守るため、辰巳は自身の組を解散させることで責任を負おうとします。病床で死の病に冒されながら、それでもなお必死に解散届を書こうとする際の全身全霊の演技は圧巻。苦しみ抜く姿こそ、この俳優の魅力が最も発揮されるのだと知らしめてくれます。

②高倉健（一九三一年～二〇一四年）

やくざ映画でスターダムに上がり、やくざ映画卒業後もそのイメージを残したまま「国民的スター」になったのが高倉健でした。

〈やくざ映画への道〉

高倉は一九五五年に東映の第二期ニューフェイスとして入社。以来、スター候補生として期待を受けることになります。若手時代は主に青春映画や喜劇、ラブストーリーに刑事ものなど、現代劇を中心に多岐にわたって出演していました。ただ、爽やかさを求められる好青年役やサラリーマン役などを演じるには、生来の鋭い三白眼、野太い声、そして武骨な風貌と硬質な演技はいずれも不向きで、なかなか当たり役に出会えないでいました。

そうした中で、石井輝男監督や深作欣二監督によるギャング映画で才能を開花させます。ダンディな洋装が長身と広い肩幅によく映えたことと、ここ一番での殺気、そして時おり醸し出すどこか抜けた雰囲気。後のイメージでは「古き良き日本人」のアイコン的な高倉ですが、実は「洋」の感じがよく似合う俳優でもあったのです。

〈やくざ俳優として〉

一八〇センチという高身長と広い肩幅、そして学生時代にボクシングで鍛えた隆々たる肉体を活かすかのように、最後の闘いの際には上半身を脱いで戦うことが多かったりします。特に「昭和残俠伝」シリーズでは背中に唐獅子牡丹の彫り物が現れるのですが、大きな背中にそれがよく映えました。ドスもあえて長めのものを用意して、それで豪快に斬っていく殺陣を得意としていきます。一般人の役を演じる時は足かせとなっていた三白眼や野太い声もやくざを演じる上では殺気や色気という大きな武器となりました。

役柄も実は幅広く、三大シリーズそれぞれで全く異なるキャラクターに扮しています。「網走番外地」では、バカ正直で直情的、少し頭のネジの緩んだヤクザ・橘真一を、時にコミカルな軽さを交えながら。「日本俠客伝」では、下町に生きる江戸っ子気質の持ち主の人情や粋を。「昭和残俠伝」では、寡黙でじっと堪えながら、やがて怒りを静かに滾《みなぎ》らせていくヤクザ・花田秀次郎を──と、幅広く演じています。

〈高倉健を観るなら、この二本!〉

じっと押し黙り、その姿が画になる「健さん」のイメージをお持ちの方こそ、是非とも「網走番外地」シリーズを観ていただきたい。そのイメージを覆されます。黙らないどころか饒舌ですし、やることなすことが軽い。それがまた魅力的なのです。

特に六五年の二作目『続　網走番外地』では、縁日の露店で意気揚々と女性下着のたたき売りをしたり、性風俗店に潜入してスチームサウナに閉じ込められて汗だくになって苦悶したり、ひょっとこの面を被って盆踊りをしながら敵を倒したり。コミカルな三枚目も実は得意だということがよく分かると思います。

一方、「健さん」のイメージのままの作品としては七八年の『冬の華』(降旗康男監督)。かつて渡世の義理で殺してしまった兄弟分の一人娘を陰ながら援助して遠くから見つめるやくざ——という、「あしながおじさん」をモチーフにした話になっています。

高倉健の大ファンであった倉本聰が脚本を書いていて、製作されたのもやくざ映画が退潮していた時期です。そのため、やくざ映画全盛期の作品に比べると甘口の内容になっています。が、だからこそ初心者の方にとっては取っつきやすいように思います。

③藤純子(**一九四五年〜、※現在の芸名は富司**《ふじ》**純子**《すみこ》)

東映やくざ映画で主演を張ってきた紅一点が藤純子でした。女性が添え物になりがちなやくざ映画の世界にあって、大輪の花を咲かせることになりました。

〈やくざ映画への道〉

東映の任侠映画路線を牽引した俊藤浩滋プロデューサーの実娘で、一九六三年にマキノ雅弘監督にスカウトされる形で映画デビューしています。和装での身のこなしや、舞踊の所作を基盤にした感情表現など、時代劇を演じていく上で必要な芝居の技術をマキノ監督から直接教わり、基礎を固めます。そして、時代劇ではお姫さま役から素朴な村娘まで、任俠映画ではやくざの妹から勝気な芸者まで、幅広い役柄を早くから演じ分け、俳優としての実力も評価も高めていくことになりました。

それでも、父親としては娘の背中に彫り物を入れて俠客の役をさせるのには抵抗があったようですが、岡田茂が半ば強引に『緋牡丹博徒』の企画を進めていきます。

〈やくざ俳優として〉

藤純子が主演スターとして看板を張ったのは、六八年から七一年にかけてのわずか四年弱でした。にもかかわらず、やくざ映画どころか日本映画史上でも輝かしい功績を残しました。それだけ、稀有な存在だったということです。

その落ち着いた物腰。堂々たる佇まい。鋭く強い眼光。並み居る男性の名優たちに当たり負けすることが全くないどころか上回る雰囲気すらあり、そのことが——ともすればキワモノに映りかねない——女性が俠客として男性たち相手に対等以上のぶつかり合いを見せる様にリアリティを与えていました。思わず頼りにしたくなるような、母性でも父性でもない、性を超越した魅力となっていたのです。

それでいて、強さだけではなく弱さも出せる。情にほだされたり、孤独の影が差したり。それが戦うとなると、凛としてドスを振るい、男たちを次々に斬っていく。そうした硬軟自在の芝居により、観客を虜にしていったのです。

〈藤純子を観るなら、この二本！〉

まずは、なんといっても「緋牡丹博徒」シリーズにつきます。特に六作目の『お竜参上』（一九七〇年）。明治時代末期の浅草を舞台に、加藤泰監督が情感たっぷりに盛り上げます。相手役となる常次郎（菅原文太）とのシーンはどれも素晴らしく、特に今戸橋での別れのシーン。雪が降りしきる中、お竜が渡そうとしたミカンが雪の上に転がり、それを拾ってから渡す。あるいは、歩く常次郎の後ろからお竜がそっと傘を差し出す。「これぞ任俠映画」と言いたくなる美しさでした。

藤純子にはもう一つ「女渡世人」というシリーズがあり、その第二作『おたの申します』（一九七一年、山下耕作監督）もまた傑作です。

舞台は大阪。藤純子の演じる渡世人・小政が町の衆から「やくざ者」ということで徹底的に白い目で見られ続けるという設定が効いています。町の衆を苦しめる悪徳やくざを最後に仕留めてもなお、そのために警察にひかれていく彼女を町の人々は冷たく見送る。それでも、全ての感情を押し殺してキッと前を向くのです。その凛々しさたるや。鶴田浩二とはまた異なる、自己完結の表し方でした。

④若山富三郎（一九二九年〜一九九二年）

その巨体に反し、実は器用な役者です。あらゆるポジション、役柄を完璧にこなすことのできる、オールラウンドプレーヤーでした。

〈やくざ映画への道〉

長唄三味線の杵《きね》屋《や》勝《かつ》東《とう》治《じ》の長男として生まれ、自身も長唄の名手でした。弟は勝新太郎。一九五四年に新東宝からスカウトされてデビューします。若い頃から主役級の扱いでした。そして五九年に東映へ移籍。徐々に脇役へ序列を下げていくことになりました。

六二年には弟の引きで大映へ移籍しますが、演じるのは専ら悪役。市川雷蔵の「眠狂四郎」や勝の「座頭市」の前に立ちはだかる、強敵役でインパクトを残します。六六年には再び東映へ移籍。ここでやくざ映画に合流しています。やはりここでも扱いは悪役。しかも大映時代と違い格の低い役柄に回ることもありました。

殺陣の名手でもあり、抜刀や納刀のスピード、斬る迫力などは日本映画界でも屈指ですし、巨大な体軀に似合わず、飛んだり跳ねたりするアクションも得意。さまざまに転変したキャリアで培った演技力も加わり、あらゆることのできる俳優となっていきました。


〈やくざ俳優として〉


もし若山富三郎が十人いたら、一本のやくざ映画ができるのではないか——。そう思わせるほど、多様な役割を果たしています。

移籍当初は主に鶴田浩二の映画の悪役として、殺気や狂気をほとばしらせながら立ちはだかります。なで肩のシルエットの鶴田に対して若山は堂々たる体軀のため、両者が対峙した時のコントラストはハッキリとしており、善悪の感じが画として出しやすかった。

その一方で、「緋牡丹博徒」シリーズではシルクハットにチョビ髭、鼻を赤く塗った「熊虎」親分として登場。風貌の通りにコミカルな芝居を見せつつ、ここ一番では頼りになる助っ人ぶりを見せます。お竜にほのかな感情を垣間見せる純情ぶりも可愛らしい。

主演した「極道」シリーズでは手のつけられない暴れん坊でありながら、子分思い、仲間思いの熱いところも見せています。シリーズ終了後に改めて作られた七六年の『愉快な極道』（山下耕作監督）では人情味ある喜劇芝居も見事に演じていました。

〈若山富三郎を観るなら、この二本！〉

『博奕打ち　総長賭博』は若山にとっても重要な作品でした。若山の演じるやくざ・松田は、本来の格や功績からいえば跡目を継ぐべき立場にありました。ところが長老（金子信雄）の陰謀で弟分が組を継ぐことになってしまう。それに納得がいかず、松田は反旗を翻す。鶴田の演じる中井は松田とは固い絆で結ばれていましたが、やくざの義理として対峙しなければならなくなります。松田が感情のおもむくままに暴れるほど、中井は苦悩を深めていく。鶴田の名演は、若山の見事なまでの暴れぶりが引き出したものでもあったのです。

晩年にも若山は素晴らしい仕事をしています。それが八九年の『ブラック・レイン』。リドリー・スコット監督によるハリウッド映画です。ここで若山は、松田優作が演じる凶暴なやくざ・佐藤がつけ狙うやくざの親分を演じています。松田優作の狂気の演技が話題となった作品ですが、その狂気の向かう先が若山なのです。それだけに、生半可な貫禄の役者では松田の狂気に最初から負けてしまうので、作品を台無しにしかねません。そこはさすが若山。堂々たる貫禄で演じ切り、マイケル・ダクラスをも圧倒していました。

⑤菅原文太（一九三三年〜二〇一四年）

その圧倒的な野性味とギラつきによって、やくざ映画だけではなくそれまでのスターの演技そのものを変えたといっていい、新時代の開拓者です。

〈やくざ映画への道〉

早稲田大学在学中からモデルとして活動した後、五八年にスカウトされて新東宝で本格的に俳優の道へ進みます。当初は「ハンサムタワーズ」として、二枚目のスター候補生という売り出され方をしていました。

新東宝の倒産にともない六一年に松竹へ移籍。不遇の時を過ごすことになりますが、ここで安藤昇と出会い、彼と共に東映へと移籍しています。東映への移籍当初は役も決して大きくはなかったのですが、若山富三郎の相手役として注目されるようになり、「緋牡丹博徒」シリーズなどでの藤純子の相手役で評価を高めていきました。藤の相手が鶴田浩二では年齢が離れ過ぎているし、高倉健だと近寄りがたい。菅原が相手の時は、ほのかな恋愛感情も垣間見えるような程よい距離感となっていたのです。

〈やくざ俳優として〉

当初は「緋牡丹博徒」シリーズでの藤純子の相手役のように、「寡黙で不器用で義理を重んじる」という鶴田浩二以来の任侠映画の正統をいく芝居で評価を高めていました。が、主演を張るようになるとそれが一変します。俊藤浩滋プロデューサーや鈴木則文監督、中島貞夫監督らがその硬質さの向こうに喜劇的な可能性を感じ、「関東テキヤ一家」「まむしの兄弟」といった三枚目の色も濃いシリーズを担うことになったのです。特に、「まむし～」で見せた、粗野な暴れん坊でありながら押し黙ると急に二枚目の雰囲気になるギャップは、新たなスターの誕生を予感させました。

そして、その野性味が評価され、七二年には深作欣二監督『現代やくざ 人斬り与太』に主演。ここでは、とにかく欲望のまま、感情のままに暴れまくりながら誰彼構わずに嚙みつくチンピラ像を全身全霊で演じ、これまでにない主人公像を見せつけています。

こうしたキャリアを経て七三年の『仁義なき戦い』の大ヒットでブレイク。アクションや口論のシーンで見せる武闘派としての迫力と、義理や人間関係でがんじがらめになって耐え抜く姿、その双方を魅力的に提示しています。

〈菅原文太を観るなら、この二本！〉

「狙われるもんより狙うもんの方が強い」とは、『仁義なき戦い』劇中での菅原文太のセリフですが、この言葉の示すように彼自身もまた「狙う」側――しかも、誰かの命令や義理ではなく自身の感情によって――を演じる時に一段と魅力が発揮されています。その中でも七五年の『新仁義なき戦い　組長の首』で演じた、命がけで敵を始末したにもかかわらず論功行賞に納得がいかないがために、執拗に親分にまとわりつき、やがてその命を狙うようになっていくやくざ役は迫力たっぷり。疫病神――というよりは死神に近いような凄味を放っていました。

また、粗暴で粗野なように見せて、その実は人間味があって仲間には情に厚く、だからこそ苦しむ――という役柄も得意としています。暴れ者がふとした時に見せる純情や温かさ。そういう芝居をするとき、たまらない色気が出るのです。中でも圧巻は七五年の『県警対組織暴力』。その器量に惚れ込んで兄弟分となったやくざ（松方弘樹）のことを心から想い、彼が県警と対立する際に見せる葛藤や憂いには、切なくさせられます。

⑥渡哲也（一九四一年～二〇二〇年）

後のテレビドラマ『大都会』（日本テレビ系）、『西部警察』（テレビ朝日系）のイメージが強いかもしれませんが、スターとして一本立ちさせたのはやくざ映画でした。

〈やくざ映画への道〉

渡哲也が俳優デビューするキッカケは一九六四年、青山学院大学在学中のことです。日活の映画スター・浅丘ルリ子の映画出演百本記念作品『執炎《しゅうえん》』（一九六四年、蔵原惟繕監督）の相手役が公募で決まることになり、これに渡の空手部仲間と弟の渡瀬恒彦が勝手に応募したのです。それを機に六五年の『あばれ騎士道』（小杉勇監督）で、宍戸錠とのダブル主演という破格のデビューを遂げます。ただ、そもそも自身の希望ではなかった上に生来の照れ性も加わり、当初はあまり身が入らなかったといいます。

それでも日活は「第二の石原裕次郎」として売り出し、石原の代表作であるアクション映画『嵐を呼ぶ男』『勝利者』のリメイク作品に相次いで主演しました。しかし、武骨な渡と都会的な石原裕次郎では俳優としての特長があまりに違い過ぎたのもあり、なかなかうまくいきませんでした。そして、脱・裕次郎路線が敷かれることになり、やくざ映画で脱皮していったのです。

〈やくざ俳優として〉

『東京流れ者』（一九六六年、鈴木清順監督）、『紅の流れ星』（一九六七年、舛田利雄監督）で孤独の影が差すやくざ役で新境地の萌芽を見せた渡は、六八年の『「無頼」より 大幹部』（舛田利雄監督）で自分なりのやくざ像をものにします。

ギラついた殺気に満ちた眼差しと、全身から怒りや苛立ちをみなぎらせるヒリヒリした佇まい。敵との闘いも、身体ごとぶつかっていくような不格好だが生々しいもの。武骨でストイックな正義漢でありながら、時おり見せるはにかんだ笑顔はたまらなく人懐っこい。そんなやくざ＝「人斬り五郎」と出会ったことで、「第二の裕次郎」から脱却して「渡哲也」のイメージを確立していくことになります。そして、「無頼」はシリーズ化して二年間で計六作が作られました。

このシリーズの成功により日活のアクションも、颯爽としてスタイリッシュなものから、感情がストレートに伝わってくるような殺伐としたものへと変化していきました。渡はその路線を牽引、東映の実録路線に先駆けてやくざ映画を様式からリアルへと変化させる起爆剤的な存在だったのです。

〈渡哲也を観るなら、この二本！〉

渡をスターとして確立させた「人斬り五郎」シリーズも素晴らしいですが、ここはその前に作られた『紅の流れ星』を推したいです。渡が演じるのは一匹狼の殺し屋。口笛を吹きながら平然と人を殺し、ムカつく相手を前にすると後先を考えずに容赦なく殴り飛ばし、嬉々としてセックスに臨み、馴染みの女がいるのに美女を見ればしつこく口説く。鬱屈と苛立ちを抱えながら、そのやり場がない。そんな等身大の若者の延長線上にあるようなニヒルなヒーロー像が魅力的です。

そして、もう一本は七五年の『仁義の墓場』（深作欣二監督）です。東映やくざ映画初出演となったこの作品で渡の演じた実在のやくざ・石川力夫は、やくざ映画――だけでなく世界の映画史上でも――屈指の凶暴な人物でした。いつもイラつきと暴力の衝動を抱え、平和に収まる世の中が気に入らない。そのため親分だろうが、かつての兄弟分だろうが、お構いなく襲いかかる。そして、やがて麻薬に溺れて心身ともにボロボロになり、さらに理性を失っていく。これを、自身も病み上がりのために凄みを増した渡が強烈な狂気をもって演じ、一度観たら忘れられない悪夢のような世界を作り上げています。

⑦松方弘樹（一九四二年〜二〇一七年）

全盛期の任俠映画から実録路線を経て大作映画へ、晩年になってもVシネマに出演。そのフィルモグラフィはやくざ映画史そのものといえます。

〈やくざ映画への道〉

松方弘樹の父親は剣豪スターの近衛十四郎《このえじゅうしろう》で、松方もその縁から一九六〇年に東映で映画デビューすることになります。六二年からは同じく東映の時代劇スター・市川右太衛門の息子である北大路欣也との二世コンビで次世代の時代劇スター候補として売り出されますが、ちょうどその年から時代劇映画の退潮が始まり、壁にぶつかります。

その後は父の主演する時代劇映画の脇役や、任俠映画の脇役、テレビ時代劇の主役などを務め、六九年には大映にレンタル移籍して早世した市川雷蔵の穴埋めを期待されました。大映の倒産に伴い東映に復帰して実録路線の主戦力になっていきますが、一方では七四年のＮＨＫ大河ドラマ『勝海舟』で病気降板した主演の渡哲也の代役を務め、一般層にも知られるスターになっていきました。

〈やくざ俳優として〉

松方も若山富三郎と並んで器用な俳優で、さまざまな役柄、ポジションを演じてきました。その象徴ともいえるのが「仁義なき戦い」シリーズで、『新〜』『その後の仁義なき戦い』も含めると、全九作のうち過半数の五作に出演。いずれも全く異なる役柄を全く異なる役作りで演じているのです。若手時代からすでに幅は広く、「昭和残俠伝」シリーズでは義理を重んじるやくざを演じる一方、『893愚連隊』（一九六六年、中島貞夫監督）、『恐喝こそわが人生』（一九六八年、深作欣二監督）では上の世代や権威的な存在にかみつくギラついた若者を演じています。

実録路線になってからは主役に回ることも増えましたが、ここでも『実録外伝　大阪電撃作戦』『北陸代理戦争』のように山口組相手に闘いを挑む野心家を演じる一方、『沖縄やくざ戦争』では逆に山口組と地元やくざ組織の間で右往左往させられる役柄でした。

八〇年代になり、多くのスターがやくざ映画から去っていく中、松方は孤塁を守り、『修羅の群れ』『最後の博徒』といった大作映画に主演。鶴田浩二の影響を強く感じさせる、義理を重んじるやくざの情念を演じ切りました。晩年はVシネマにも出演。ここでも大物役から悪役まで、幅広くこなしています。

〈松方弘樹を観るなら、この二本!〉

多彩な役柄を演じており、ともすればバランス調整的なポジションに回ることもできるため、器用貧乏的な役回りになることもあったのが松方弘樹です。そんな中で存在感を存分に発揮した二本を紹介します。まずは『仁義なき戦い』。ここで松方の演じた坂井こそがタイトルの示す「仁義なき」を示す役柄。親分よりも力を持つようになり、やがて親分を追い落とそうとする野心家のやくざです。そのために親分の命を受けた主人公(菅原文太)に狙われます。敵対勢力を倒しつつ徐々に貫禄をつける。一方で、狙われる側になってから見せる孤独と弱さ。松方の演技の幅の広さによって奥行きのある人物に仕上がりました。

もう一本は『脱獄広島殺人囚』(一九七四年、中島貞夫監督)。殺人罪で投獄されたやくざの役で、なんとかして脱獄を試みようとする姿が描かれます。不屈の男を演じる際の松方は、とてつもないバイタリティをみなぎらせ、ギンギンの生命力を放つのですが、これはまさにその極致。どれだけ収監されようとも決して諦めることなく、さまざまな手段を使って何度も脱獄してのける魂を、これ以上ない濃厚なギラつきで表現していました。

⑧岩下志麻（一九四一年〜）

この人を名鑑に入れることに違和感を覚える方もいるかもしれません。が、東映やくざ映画の命脈を20世紀の終わりまで保たせたのは間違いなく岩下志麻の功績です。

〈やくざ映画への道〉

俳優である父・野々村潔の勧めで一九五八年にテレビドラマ『バス通り裏』（NHK）でデビューすると、その後は松竹の専属女優として映画スターの道を歩みます。六二年に小津安二郎監督の遺作となった『秋刀魚《さんま》の味』に起用されるなど、松竹の得意とするホームドラマや喜劇、文芸作品に数多く出演しました。

一方で、夫でもある篠田正浩監督と新たなプロダクション・表現社を設立。前衛的、あるいは芸術的な作品に次々と挑戦し、『卑弥呼』（一九七四年）、『はなれ瞽女《ごぜ》おりん』（一九七七年）など幅広い役柄を演じています。

狂気の役柄も得意としていて、父の復讐のために母親やその愛人たちを殺害していく『五瓣《ごべん》の椿』（一九六四年）、夫が愛人との間に作った子供たちを虐待する『鬼畜』（一九七八年、いずれも野村芳太郎監督）、二重人格の連続殺人犯を演じた『悪霊島』（一九八一年、篠田正浩監督）などで、ホラー映画も真っ青な恐怖を観客に叩きつける鬼気迫る演技をみせました。

〈やくざ俳優として〉

最初のやくざ映画出演は八一年の『鬼龍院花子の生涯』。主人公である土佐の俠客・鬼政（仲代達矢）の正妻を演じました。キセルの吸い方から外股での歩き方、さらにはドスの効いた発声など、これまでのイメージを一新する役作りで、アウトローの裏方を統《す》べる凄味を見せています。

そして八六年の『極道の妻たち』では、収監中の夫に代わって組を統率する「姐さん」を貫禄たっぷりに演じました。これが人気を博してシリーズ化。二作目と三作目は別の女優が演じましたが、第四作から再びシリーズに復帰、以降は最後の第十作まで一貫して主演しています。

「夫に代わって組を統率して抗争に臨む」という基本設定は同じなのですが、シリーズを経るに従い自身も前線に出て戦うようになっていきました。そして、「着物に拳銃」という珍しい出で立ちでの銃撃シーンや、マシンガンで敵役をハチの巣にするなど、ヒロイックなアクションも見せるようになります。決めゼリフの「覚悟しいや」も含め、東映のヒーローの系譜にその名を刻むことになったのです。

〈岩下志麻を観るなら、この二本!〉

もちろん『鬼龍院花子の生涯』も素晴らしいのですが、今回は「極道の妻たち」シリーズからのオススメ作品を紹介します。

まずは、なんといっても一作目です。タバコを吸いながらパターゴルフをして子分たちに指示を出していくなど、堂々たる風格をもって組を統率する様は、「これなら並みいるやくざたちも喜んでついていくだろう」という説得力がありました。特に、敵対する組長(成田三樹夫)と対峙する場面では、着物の裾に手を入れるというセクハラをかましてくる相手に対して、逆にその手をつかんでさらに奥に持っていき、見事に翻弄。劇中に登場するいかなる男たちをも圧倒する心意気を見せつけています。

もう一つは九一年の五作目『新極道の妻たち』(中島貞夫監督)。今度は、夫の死後に組長の代行をしており、武闘派やくざの息子（高嶋政宏）がいるという設定です。なんとか足を洗わせて堅気にさせたいのですが、息子はそれを聞かず、敵対組織との抗争に邁進。「義理と人情の狭間」のドラマはやくざ映画の基本ですが、「組長と母親の狭間」で葛藤するドラマは唯一無二。組のために心を鬼にせざるをえない苦しみを見事に演じていました。

B）大物脇役編

次は脇役——特に、「大物の脇役」について紹介します。

「大物の脇役」とは何かといいますと、主人公の相棒であったり、対等かそれ以上の関係のライバルであったり、子分の中でも重要な役割だったり——という、主人公に準ずるようなポジションの役柄のことです。

こうした役柄は、元スターだったり、スター候補生だったりが演じることが多い。そして、彼らはやくざ映画で脇役を演じることで、もう一度スターに返り咲いたりトップスターへのステップアップのキッカケにしたりしていました。主役パートに挙げた若山富三郎、菅原文太、松方弘樹もそうです。

やくざ映画は特異なキャラクターを演じることや、特定の役割を課されることが多くなりがちです。そのため、それにより新たな魅力を開花させたり、演技者としての新境地を開拓したりすることができたのです。

①嵐寛寿郎（一九〇三年〜一九八〇年）

まずはなんといっても、この人です。時代劇スターとして戦前から活躍し、覆面ヒーロー「鞍馬天狗」として一世を風靡しました。それだけに、脇に回ってからもこの人が出てくるだけでその役は「あ、正義側の人だ」と思わせるだけの華があります。戦後には戦争映画で明治天皇を演じられる品格・風格の持ち主ですから、「親分」の役にピッタリでした。

任俠映画のプロトタイプである新東宝の『女王蜂と大学の竜』では、下町の親分を演じました。その際の着流しの着こなしは見事で、古くからの任俠精神を大事にする俠客ぶりを表現。その後も「古き良き俠客」を得意としてきました。『緋牡丹博徒　お竜参上』が代表的ですが、町の衆を大事にする正義の親分を演じることが多く、この人が敵に殺されることで相手の非道ぶりが伝わります。それと同時に、最後の決闘へと向かう主人公の怒りの導火線としての役割を果たしています。

ユニークなのは「網走番外地」シリーズで演じた「鬼寅親分」です。「八人殺し」の異名を持ち、殺人犯として網走刑務所に収監されていて、囚人仲間の橘真一のピンチには颯爽と現れて助ける。これが好評を博したため、以降のシリーズでレギュラーに。そして囚人だったはずが、なぜか橘の行く先々で助けに現れるのです。その役割も千変万化。ホテルの清掃員、マタギ、沖縄の釣り人、馬のセリ市の司会、不良少年更生施設の所長——と作品ごとに全く異なります。普通なら「そんなバカな」と思うところですが、この人が出てくると不思議と納得してしまう。さすがは一時代を作ったスターです。

この「古き良き親分」のポジションは、東宝の『七人の侍』（一九五四年、黒澤明監督）、『ゴジラ』（一九五四年、本多猪四郎監督）に出演した名優・志村喬も得意としていたことを付記しておきます。

②池部良（一九一八年～二〇一〇年）

東宝で戦後間もない頃からトップスターの座にいました。「都会的で知的な二枚目」の代表的な存在です。

六四年の松竹映画『乾いた花』（篠田正浩監督）で、組のために戦ったはずが刑務所から出たら身の置き場を失ってしまうやくざを演じます。寡黙な中に鬱々とした葛藤を伝える演技が評価を受け、やくざ映画の戦線へと入っていきます。

それが高倉の「昭和残俠伝」シリーズです。ここで池部は風間重吉というやくざを演じています（作品によって、たまに役名が異なることも）。最初は主人公の花田秀次郎（高倉健）と敵対する立場にあったのが、秀次郎に惚れ込んで最後は「ご一緒させてもらいます」と二人で並んで敵地へ向かっていく。これが基本パターンになっています。

高倉と同様、寡黙さが魅力の俳優ですが、高倉の寡黙さが武骨さから来るものとすると、池部のそれは絶えず悩み、葛藤を抱えるからこそ生まれる寡黙さです。そのため、一度は草鞋を脱いだ側に刃を向けることになる風間のキャラクターにピッタリでした。その葛藤の果ての「ご一緒させてもらいます」だからこそ、盛り上がるのです。

スターとしても俳優としての実績でもはるかに先輩である池部が、あえて一歩下がったところから高倉健を支える。そんな構図が大人の余裕を感じさせてくれて「最高に頼りがいのある味方が加わった」というワクワク感を画として伝えていました。

③安藤昇（一九二六年〜二〇一五年）

この人は「主役」の項に入れるか「脇役」の項に入れるか悩みました。本物のやくざから転身して松竹や東映で数々のやくざ映画に主演していますので。ただ、安藤昇の俳優としての魅力は主役の時よりも脇に回った時の方が発揮されると考え、こちらに入れました。

といいますのも、元が本職であっただけにその迫力や凄味はさすがですし、色気も華もある。ただ、どうしても演技力に難があるため、主役として出ずっぱりだと観ていてキツくなってくることがあるのです。それが脇になると必要なポイントにだけ出るわけですから、その長所だけが役割に応じて抽出される。だから、脇の時の方が魅力的になる。

特に、主人公と同等に近い立場で主人公チームに安藤昇がいると、とても頼りがいのある存在として映ります。東宝が子会社の東京映画を使って七一年に作った唯一のやくざ映画『出所祝い』（五社英雄監督）、あるいは返還前の沖縄を舞台にした『博徒外人部隊』（一九七一年、深作欣二監督）は、いずれもかつて敵対していた主人公（『出所』＝仲代達矢、『博徒』＝鶴田浩二）と組んでより強大な敵に立ち向かうという展開で、ロマンを感じさせます。

また、「抗争を仲裁する重鎮」の役も演じています。この役には、両サイドを圧するだけの凄みが必要なため、それなりに貫禄のある俳優でなければなりません。自身が本職の時は武闘派だったわけですが、年齢を重ね、俳優としてのキャリアを積んだ証といえるでしょう。

④小林旭（一九三八年～）

この人も、本来なら「主役」の項に入るべきスターです。「渡り鳥」シリーズ（一九五九年～）などの日活の無国籍アクションで一時代を築きますが、やくざ映画でも実績十分。日活時代も東映に移籍してからも主演作は多く、やくざ映画が退潮した九〇年代でも『修羅の伝説』（一九九二年）、『民暴の帝王』（一九九三年、いずれも和泉聖治監督）といった映画に主演しています。

が、それでもなお、あえてここに入れようと思いました。期間は短いですが、そんな現役スターである小林旭があえて脇に回ったことで作品に奥行きがもたらされた役柄があるためです。

それが「仁義なき戦い」シリーズの第三部『代理戦争』から登場する武田明でした。主人公の広能（菅原文太）は長年敵対してきた親分の山守（金子信雄）を追い落とすため、神戸の大組織の力を借りようと画策します。それに対抗して広島の独立を維持するため、神戸との決戦を覚悟で広能に立ちはだかるのが、この武田でした。特に第四部『頂上作戦』が圧巻で、自ら乗り込んできた神戸の若頭（梅宮辰夫）を前に一歩も引かずに「広島極道は芋かもしれんが、旅の風下に立ったこたあ、いっぺんもないんで！」と啖呵を切り宣戦布告。自ら陣頭指揮をとって激しい抗争を繰り広げていきます。広能が活躍の場もなくどんどん地味な存在になっていくのに反比例して、主役的な活躍をみせます。

菅原文太を含めた他の誰よりも現役スターとしてのキャリアも華も勝る小林旭が、あえて脇に回ったからこそ、その存在は際立ち、同時に、群像劇としての魅力をより一段高めていくことになったのです。

その一方で、『実録外伝　大阪電撃作戦』では大阪に侵攻をかける山口組をモデルとする組の幹部を演じます。この時の貫禄も凄まじく、それまで対抗しようとしていた地元の親分（織本順吉）が一目その姿を見ただけで震えあがってしまうというシーンがあるのですが、これが全く大げさに見えないほどの貫禄と凄味を、ただそこに座っているだけで伝えていました。

⑤里見浩太朗（一九三六年～）

時代劇スターというイメージが強いですし、実際その通りなのですが、実は任侠映画では脇に回って重要な役割を果たしていました。

一九五〇年代の東映時代劇映画の黄金時代に次世代スターとして期待されていましたが、六〇年代に入ってからの時代劇不振で状況が一変。六三年に始まる「集団時代劇路線」を牽引するものの、東映が六四年から時代劇を諦めて任侠映画にシフトするようになると、里見浩太朗は脇に回ることになります。

彼が演じるのは、主人公側、つまり「善」の側にいる組のナンバー2のポジションです。これが、実はかなり重要。親分は奥にいて自ら動くことはないですし、主人公が動くのは最後。相手の組との抗争の陣頭指揮や折衝、それから主人公や組長に決起をうながしたり。これをやるのが、このナンバー2です。主人公が動き出すまでの間は実質的にこの役が前線で動くので、出ずっぱりの活躍をするんですよね。それだけに、華のない役者がやると画がもたなくなり、観客が飽きてしまう。それを里見浩太朗がやることで、画が締まるわけです。そのため、「日本俠客伝」シリーズなどで、そのポジションを担いました。

しかも、里見浩太朗は悪のにおいがしない。「善」とはいってもやくざはやくざですから、見ようによっては「どちらも悪じゃないか」となってしまいかねない。そこにクリーンな正義漢のイメージが強い里見浩太朗が折り目正しい芝居をしながら陣頭指揮をとることで、「ああ、この一家のやっていることは正しいんだ」と思わせてくれるわけです。

⑥長門裕之（一九三四年～二〇一一年）

任俠映画で重要な役割を果たした役者といえば、この人は欠かせません。

『無法松の一生』（一九四三年、稲垣浩監督）などで戦前から子役として活躍した後、五六年の『太陽の季節』に主演して日活の青春映画路線の端緒を開きます。今村昌平監督の社会派映画などで評価は得るものの、スターとしては人気が出ませんでした。そして、各社を転々とする中で、東映の任俠映画にたどり着きます。

ここで長門は主に、叔父であるマキノ雅弘監督が撮っていた「日本俠客伝」シリーズを中心に重要な役割を果たします。

主人公は基本的に寡黙で折り目正しい。そうなると動きが少なく、それだけだと物語を転がしにくい上に観客は飽きてきます。そこで、その相方が大事になる。

たとえば、女性がいたら、主人公はストイックなので声もかけられませんが、代わりにちょっかいを出したりしてナンパ的な動きをする。その挙句に失恋もする。主人公や組長に失礼なことを言う者がいたら「やいやい！」と文句を言う。主人公の周りを三枚目的におっちょこちょいな感じで動き、それによって主人公が二枚目として引き立つ。

周囲がいきり立っていたり、かしこまっていたり。そういう「急」なところに「おっと、すまんねっ」という感じの喜劇的な「緩」を入れて空気を変える。長門裕之はそうした芝居の名人でもありました。

それだけに、そんな楽しい男が敵の理不尽な暴力によって痛めつけられたり、殺されたりすると、「あの組は悪いやつらだ」という観客側の憎しみが高まります。それによって、殴り込みに向かう主人公への喝采に繋がる。

なお、弟の津川雅彦もこのポジションを任されることがありましたが、当時はまだ演技が硬く、兄ほどの魅力は出せていませんでした。

⑦山城新伍（一九三八年〜二〇〇九年）

長門裕之ポジションを期待されたもう一人が、山城新伍です。東映にニューフェイスとして入社し、次世代の時代劇スターとして期待されます。そして六〇年に始まるテレビシリーズ「白馬童子」（NET）で子供たちの人気を博しますが、その後は低迷、任侠映画で長門裕之のポジションに回されることが増えていきます。

山城新伍も喜劇的な芝居が得意なのですが、その質は長門裕之とは少し違います。長門裕之に比べると佇まいに生来の下世話な感じが出るため、このポジションに求められる「粋」な感じにならないんですよね。ずっとふざけているような感じに映ってしまう。

そのため、本領を発揮したのは、そうした緩急の繊細な出し入れを必要とするような正統派の任俠映画ではありませんでした。山城新伍は山城新伍で、唯一無二のポジションを確立します。それが、「不良番長」「極道」など、全編の大半がふざけたことをやっているシリーズでのナンバー2でした。「不良番長」なら梅宮辰夫、「極道」なら若山富三郎。主演もかなり悪ノリの芝居をしているのですが、主人公として締めるべきところは締めないといけない。そんな時でも山城新伍はその横にいて、ふざけっ放し。率先してそのおふざけを助長するし、真面目にやっている主人公に対して時には観客的なメタな目線で突っ込みを入れたりする。それが山城新伍の真骨頂でした。

その一方で、意外な魅力を発揮したのが「仁義なき戦い」シリーズ。第二部『広島死闘篇』以降、思慮の少し足りない武闘派幹部・江田を演じているのですが、第五部『完結篇』では重鎮として新世代を支える側に回り、大人の余裕と貫禄を演じ切っていました。

⑧梅宮辰夫（一九三八年〜二〇一九年）

最初は都会的な二枚目役で始まるのですが、遊び人の雰囲気が若い頃から強かったため、「夜の帝王」シリーズや「不良番長」シリーズで、主役であっても倫理観のタガが外れたような役柄を演じてきました。

ただ、この人も安藤昇と同じで演技が硬く、主役だと観ていてキツイ部分がある。ただ、それが脇に回ると、安藤昇と同じで頼もしい存在となります。といっても、ストイックさが求められる任俠映画時代はなかなか力を発揮できず、実録路線になってからその魅力を発揮していきました。

『仁義なき戦い』が好例なのですが、主人公と対立する立場にありながらも友情を育み、兄弟分となっていく。そうしたナンバー2的なポジションを得意としました。ナンバー2として主人公の横にいる時、その貫禄や芝居の硬さがかえって「凄み」に映り、頼りがいのある存在たらしめているのです。

「仁義なき戦い」シリーズでいえば、第三部『代理戦争』以降に登場する神戸の大組織の幹部・岩井もそうです。眉毛を剃ってさらに凄味を増したことで、主人公の後ろ盾としてこの上ない頼もしさを見せてくれています。他にも『日本暴力列島　京阪神殺しの軍団』『実録外伝　大阪電撃作戦』『やくざの墓場』では、差別される側として育った鬱屈を暴力にぶつけていく中で主人公と相通じていく。そうしたアウトローの情念を見事に表現しました。

⑨千葉真一（一九三九年～二〇二一年）

日体大で器械体操をしていた身体能力を買われ、デビュー当初からアクション映画に数多く出演、六八年に始まるテレビシリーズ『キイハンター』（TBS）で数々の命知らずなアクションをスタント無しでこなし、一躍人気スターとなりました。

その一方で『キイハンター』の合間や前後に東映東京撮影所で作るギャング映画や任俠映画に出演しています。ここでは「網走番外地」シリーズにおける高倉健の弟分役など、基本的には爽やかな好青年役が多く、二枚目のスター候補生のポジションでした。

それを一変させたのが七三年の「仁義なき戦い」シリーズ第二部『広島死闘篇』でした。ここで千葉が演じたのは、広島の闇市を暴力で制覇しようとする武闘派やくざの組長・大友勝利。とにかく手のつけようのない凶悪な暴れっぷりを見せつけて、これまでのイメージを全く変えています。

通常、暴れ者というのはチンピラのポジションであって、武闘派の組織であっても組長は後ろにいますが、ここで組長が率先して暴れまくる姿を繰り広げたことで、「誰よりも暴れる組長・幹部」という唯一無二の役割を手に入れます。隆々たる肉体と身体能力、ギラギラとした野性味、押し出しの強い発声――そうした特長を存分に活かして、前線で圧倒的な強さを見せて相手を駆逐していく武闘派の恐ろしさを表現しています。

『沖縄やくざ戦争』では、沖縄に侵攻してくる山口組をモデルとする組と対峙する地元やくざの組長を演じています。ここでは、あまりに強硬に相手の組を挑発する組長に対して主人公（松方弘樹）が「このままでは戦争になります」と自制をうながしますが、それに対して言い放った一言が強烈です。「戦争、だーいすき」。こんなセリフを堂々と言ってのけ、しかもそれが違和感なくはまる役者は、この時期の千葉真一をおいて他にはいないでしょう。

⑩渡瀬恒彦（一九四四年～二〇一七年）

これまで紹介してきた俳優たちは、やくざ映画が始まる前から映画界に入っていて、さまざまな変遷を経てやくざ映画に出演するようになった――というキャリアでした。が、それとは全く異なるのが渡瀬恒彦。東映でデビューしたのが一九七〇年ですから、任俠映画の全盛期です。つまり、最初からやくざ映画の戦力となることを期待されていました。デビュー作は石井輝男監督の『殺し屋人別帳』。いきなりの主演です。期待の高さがうかがえます。

得意としたのが、任俠映画における長門裕之のポジションの実録版です。主人公の周りにいて、よく動く。チンピラ的に渡瀬が動き回るから、その横にいる主人公に大物感が出るわけです。渡瀬も演技の幅が広いため、純粋に主人公に付き従う若者の時もあれば、反抗的に突っぱねる若者の時もある。とにかく、あらゆる若者=チンピラ役をやれるため、実録路線での若者枠での大役は渡瀬が独占していたといえるほどです。

ただ、長門の魅力が人情味なら、渡瀬は激しさ。いつもギラギラした殺気をほとばしらせ、身体を張ったアクションも自ら平気でこなす。そのため、渡瀬恒彦が出ると「何かが起きるのではないか」という不穏な期待感があります。

その好例が「仁義なき戦い」シリーズ。松方弘樹と並んで渡瀬恒彦も異なる役柄で多数出演しています。中でも、第三部『代理戦争』で演じたチンピラは鮮烈でした。母親を困らせるはねっ返りの若者が、主人公の組に入ることで礼儀を叩きこまれ、親孝行できるまでに成長する。その一方で組長のため、敵対する組長の命を単独で狙うようになり、やがて非業の死を遂げる。しかも、襲撃する際は走り去る相手の車のドアにしがみつき、引きずられるというアクションまで披露――と、渡瀬恒彦の魅力が凝縮された役柄です。

『実録私設銀座警察』（一九七三年、佐藤純彌監督）も強烈です。麻薬に溺れ、モンスターの如き風貌になり、兄貴分に操られて次々と人を殺していく。やくざ映画史上でも屈指の暗黒色の強い作品ですが、それを象徴するような狂気の演技でした。

⑪田中邦衛（一九三二年〜二〇二一年）

この人も、実はやくざ映画史上で重要な役割を果たしています。なにせ「網走番外地」「仁義なき戦い」という二大ヒットシリーズにレギュラーとして出演しているのですから。しかも、双方で全く異なる役割を演じています。

「網走番外地」の田中邦衛は、主人公・橘真一（高倉健）の弟分・大槻です。一作目では同じ役名で悪役に回り、しかも絶命しているだけに、二作目の冒頭で出所してきた主人公を明るく出迎える様を観ると面食らうかもしれませんが、このシリーズは主人公が出所と投獄を繰り返すパラレルワールドなので、細かいことは気にしない方がいいです。

基本的には、刑務所を出る主人公を同じ監房から見送る、あるいは出所してきた主人公を出迎える役柄です。どちらにせよ、田中邦衛の「アニキぃ！」という明るい声が、物語の開始を告げる号令になっています。

そして、出所してからの役割は長門裕之と同じです。主人公の周りを動き回る喜劇的な役割。高倉健の横で楽しげに喋りまくる田中邦衛の存在は、このシリーズに東映やくざ映画でも屈指の「陽」の魅力を与えていたといって過言ではありません。

一方で「仁義なき戦い」シリーズでは山守親分（金子信雄）の側近・槙原を一貫して演じています。誰が敵の組長を銃撃するかを決める会合ではいきなりウソ泣きを始めて退場するヘタレっぷりで、今回も喜劇的な役割なのだろう——と油断させておいて、終盤になると実は親分と組んでさまざまな策謀を裏で企んでいたことが分かるのですが、その時に見せる蛇のような冷たく澱んだ「悪」の眼差し。田中邦衛がこんな表情をするのか——と驚かされます。一作目の面白さは、ここに田中邦衛をキャスティングしたことで観客のミスリードを誘ったことが大きいでしょう。まさかこの男が――という衝撃は凄かった。『代理戦争』や『完結篇』でも、威丈高にビシッと決めたかと思うと次の瞬間にはズッコケる展開が待ち受けていて、その二面性を巧みに演じ分けていました。

もう一つ強烈なのは『仁義の墓場』で演じた石川力夫（渡哲也）の相棒です。二人して麻薬で理性を失い、厄病神のように人を殺していく。最後は警察とやくざを相手にしての籠城銃撃戦をする中、禁断症状が出てしまったため銃撃戦そっちのけで「ヤクくれ!!」とのた打ち回る。その狂気、かなりの衝撃です。

⑫喜劇役者たち～藤山寛美、由利徹、南利明、清川虹子

やくざ映画――特に任侠映画時代の東映作品は、長門裕之ポジションの存在が示すように、アウトローの世界をただ恐ろしく殺伐と描くのではなく、いろいろとバランスを考えてユーモラスなタッチも交えていました。

そのため重宝されたのが、喜劇役者たちです。笑って泣いて――彼らによる舞台仕込みの当意即妙の芝居が、劇中に巧みな緩急をもたらすことになったのです。

鶴田浩二の映画だと松竹新喜劇の藤山寛美がよく出てきます。ともすれば、陰気で説教臭い感じ一辺倒になりかねない鶴田の脇に藤山がいることで、その陽気さや軽さ、柔らかさをもって鶴田の重さを中和したり、あるいは藤山との掛け合いを通して鶴田も柔和な芝居を見せたりと、人間的な幅の広さを表現する上で重要な役割を果たしました。

「網走番外地」シリーズにはレギュラーとして脱線トリオの由利徹が出演。そこにいるだけで楽しさを醸し出し、また次々と繰り出す下世話なギャグの数々は、網走刑務所を愉快な空間にしていきました。由利徹のボケに対して高倉健がツッコミを入れていく関係性も微笑ましく、高倉健の「陽」の魅力を引き出してもいます。

同じく脱線トリオの南利明は「関東テキヤ一家」シリーズで菅原文太の相棒を演じています。これは、それまでは感情を押し殺すようなストイックな役柄ばかりやってきた菅原文太から喜劇的な魅力を引き出そうと考えた鈴木則文監督が、南と組ませることによってその殻を破らせようと企図したものでした。

女性では、戦前から喜劇で活躍してきた清川虹子もいます。姐さん（親分の妻）役や女郎屋の女将などの役が多く、特に印象的なのは「極道」シリーズ。若山富三郎の演じる主人公・島村の姐さんを演じています。誰彼かまわずに楯突いていく暴れん坊の島村がただ一人だけ頭が上がらないのがこの姐さんで、彼女を前にするとそれまで威丈高だったのが、急にオドオドしだす。若山の巨体を前にしても堂々圧する清川の芝居が素晴らしく、たしかにこの人なら島村でも敵わない――と思わせるものがありました。

⑬意外なこの人たちも大活躍！～北島三郎、村田英雄、杉浦直樹

「え、この人も？」という面々もやくざ映画で重要な役割を果たしてきました。

たとえば北島三郎は若い頃に「兄弟仁義」シリーズに主演、六〇年代の東映任侠映画のローテーションの一角を担っています。後に自身が「ファミリー」を結成するほどの熱いアナクロ性が実によく合い、泥臭い風貌と小回りの利く運動神経を活かした殺陣で、鶴田浩二や菅原文太を相手に回して堂々たる芝居を繰り広げています。

また、演歌歌手では村田英雄もいます。こちらはその貫禄を存分に活かし、主に任侠映画で主人公側に立つことになる顔役的な大親分の役を得意とし、並み居る俳優たちを圧するだけの存在感を見せつけています。

それから杉浦直樹。テレビドラマでの真面目なサラリーマン役の印象が強いですが、やくざ映画だと実にカッコいい。よく見ると長身に彫りの深い顔をしており、これが二枚目の芝居をするとニヒルに決まります。主に石井輝男監督のギャング映画や「網走番外地」シリーズで高倉健のライバルや相棒役でバタくさい魅力を発揮。特に『網走番外地 望郷編』(一九六五年)のラストの決闘では高倉健が負けたのでは——と思わせてしまう迫力がありました。

C) 悪役編

ただでさえ恐ろしそうな「やくざ」ばかりの世界の悪役ですから、どれだけ恐ろしいのだろうと思われるかもしれません。が、実はそうではないのです。

基本的に、やくざ映画の主人公たちはストイックです。悪役はその対極にいるわけですから、欲望の塊なのです。権力、出世、金銭。しかも、それを得るためには手段を選びません。それって、たまらなく人間臭いんですよね。

しかも、普段できないことを演技としてやれるので、演じる俳優たちも思う存分にリミッターを外して悪になりきっている。そのため、ただでさえキャラクターの宝庫といえるやくざ映画にあって、最も際立つ存在がこの悪役だったりするわけです。悪役の魅力に気づくと、もうやくざ映画の沼から抜けられなくなります。

　といって、一人一人の俳優を細かく紹介していくのはマニアックな気もしますので、ここでは大まかに分類をして、それぞれの分類の中にこういう俳優がいる――という紹介をしていこ

悪役のキャラクター分類

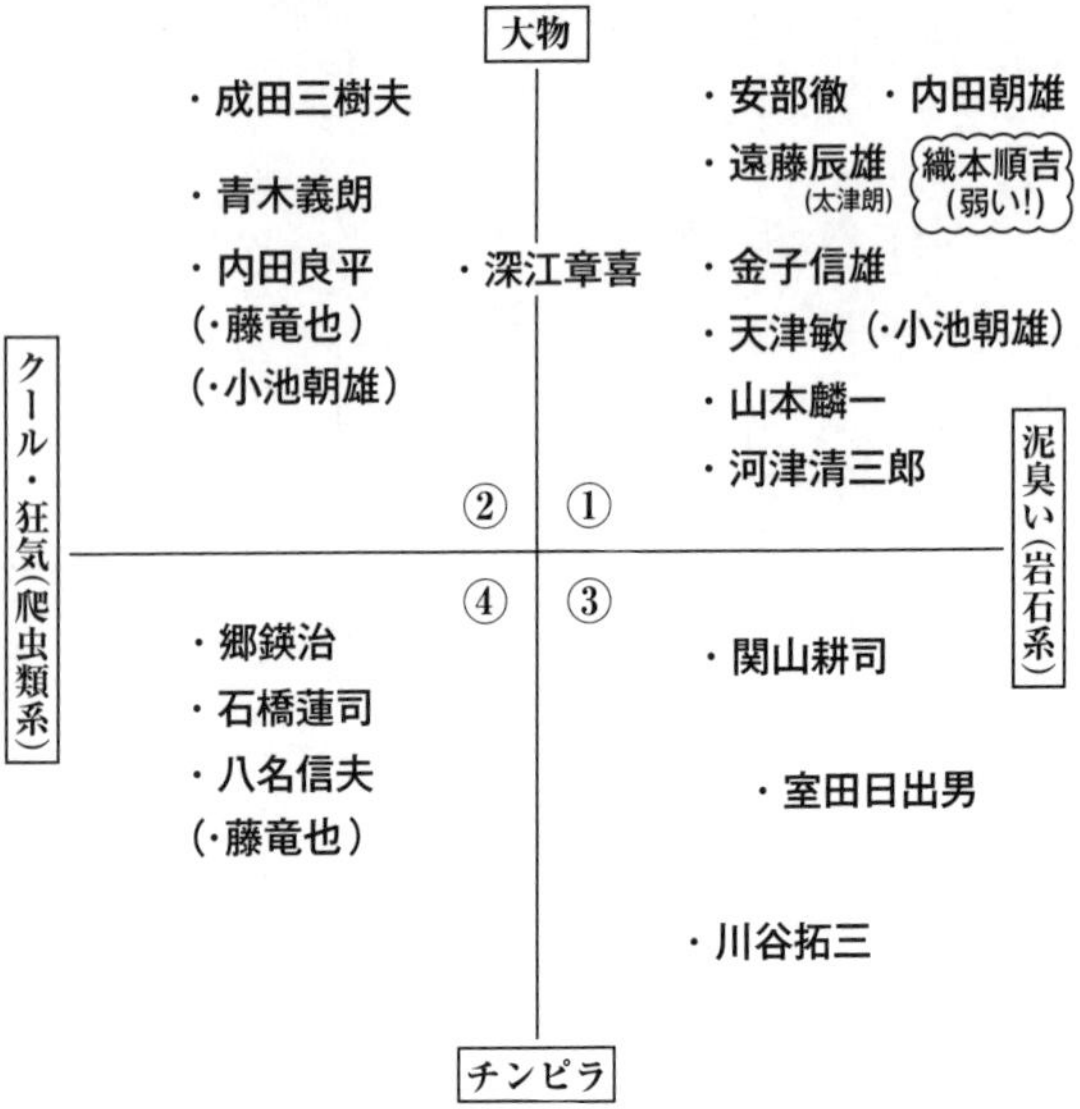

うと思います。

①泥臭い大物

まずは悪役の典型がここです。

見た目でいうと、岩石に近い雰囲気のゴツイ顔で、体型もずんぐりとしていたり、でっぷりとしていたり。主人公たちとは見るからに対極的で、出てきた瞬間から「悪役」と分かる憎々しい芝居を展開。観る側も心置きなく憎むことができるため、斬られて「めでたしめでたし」となるタイプです。

では、そのタイプの悪役を挙げていきますね。役者ごとに演じるキャラクターの感じがだいたい決まっているのも、やくざ映画の大きな特徴です。

・安部徹：このカテゴリーの代表格です。東映の任侠映画では大半がこの人です。
・遠藤辰雄：安部徹に比べると情けない感じがあったり、たまに一般人側に回ることも。
・河津清三郎：偽善といいますか、表面的にはいい人ぶって裏では――という感じも出す。
・金子信雄：とにかく小狡い。さまざまな策を弄して主人公側を手玉にとります。

・天津敏：上背で周囲を圧する感じがあり、鋭い眼光と合わせて強敵感があります。
・山本麟一：歴戦の叩き上げ武闘派の感が強い。時おり主人公側に回ることもあります。
・織本順吉：表向きは堂々と見せておいて、内心はオドオド。唯一無二の芸といえます。
・内田朝雄：謎の品格と貫禄があるため、悪役のそのさらに裏にいる巨悪・黒幕が多い。

②クールな大物

見た目は爬虫類系といいますか、冷たくシャープな顔をしています。①の悪役はつぶらな目の俳優が多いのですが、こちらは目つきが鋭い。体型もシュッとしています。都会的でインテリな感じのする悪役です。

事業を成功させたり、政財界に取り入ったりという、腕っぷしというよりは経済力と知性でのし上がったタイプです。資本主義社会においては正解な生き方をしている成功者ともいえるのですが、やくざ映画はそうした価値観を否定する上に成り立っていますので、悪役になってしまうのです。

このカテゴリーの主な俳優は次の面々が挙げられます。

・青木義朗：都会的でクールな悪役の代名詞で、そのため東映より日活に合いました。
・内田良平：同じく日活系です。彫りの深い顔なので、主役と見まがうこともあります。
・深江章喜：顔は岩石系ですが、青木・内田のナンバー2として陣頭指揮を執りました。
・成田三樹夫：経済やくざの代表。知的なやくざを演じさせて右に出る者はいません。

同じ大物系悪役でも東映は「泥臭い」系、日活は「クール」系が中心になっていることがよく分かります。そしてその東映も実録になって「クール」系の成田三樹夫が台頭してくる。作品のカラーによって、悪役の使い方も違ってくるわけです。

③泥臭い小物

①と②は親分、黒幕クラスの悪役でしたが、今度は前線にいる実戦型の悪役です。まずは、懸命に汗をかきながら、身体を張って悪事に勤《いそ》しむ——そんな荒々しい悪役たち。
・室田日出男：見た目も声も恐ろしいのですが、実は気弱だったりという感じが上手い。
・川谷拓三：名もなきチンピラを全身全霊で演じる様は感動的ですらあります。

・関山耕司：任俠映画の実動部隊長や網走刑務所の看守など、「恐ろしい男」の代表格。

④クールな小物

下っ端なのにクール——という、よく考えてみると「どういうこと？」と思いたくなるカテゴリーなのですが、こういう人たちが敵側に一人いるだけでも、ただ凄んでいるだけではない一筋縄でない不穏さが漂ってくるのです。

・八名信夫：基本的に武闘派側にいるのですが、スタイルがよいので都会的に映る。
・郷鍈治：主人公側にいることも多いですが、スナイパー役など感情を殺すと魅力倍増。
・石橋蓮司：チンピラグループにいながら、斜に構えて冷めた鋭い目で見据えてくる。

D）ユーティリティ・プレイヤー編〜待田京介、藤竜也、小池朝雄

作品ごとにさまざまな異なるポジションを演じるユーティリティ性の高さで、やくざ映画を支えた俳優たちも紹介したいと思います。

まずは待田京介。主に六〇年代の東映任俠映画で獅子奮迅の働きをし、あらゆるポジシ

ョンをこなしてきました。長門裕之的な三枚目の側近も、里見浩太朗的な熱い正義感のナンバー2も演じていますし、さらに主人公の恋敵的な役割や悪役側の切れ者のナンバー2（後の成田三樹夫ポジション）も演じています。

しかも、どのポジションにあってもその役割をきっちりと果たす演技を見せるオールラウンダーの芸達者ぶりを見せています。恐らく当時の製作者には「困った時はどのポジションであれ待田京介」という意識があったと思われ、そのために器用貧乏に陥ってしまった側面もあります。

次に藤竜也。後に和製ハードボイルドの代名詞になった俳優ですが、日活のやくざ映画に数多く出演しています。この人の場合は本心や正体の見えないミステリアスさが特長で、味方側も敵側も、相棒も子分も、チンピラもリーダーも、幅広く演じています。その正体不明さのために、どのポジションでも落ち着きが悪く、不穏さやスリリングさを放っていた。そのため、かえってあらゆるポジションを演じることができたわけです。待田京介と逆にどこでも落ち着かないからこそのユーティリティ性でした。

最後に小池朝雄。基本的には悪役なのですが、着流しを着れば憎々しい岩石系、スーツを着れば知的な爬虫類系、双方にはまる幅の広さを見せていました。しかも、時おり主人公の相棒的なポジションや面倒見のいい親分に回ることもあり油断なりません。

E）監督編

最後にやくざ映画を撮ってきた監督たちを手短にご紹介します。やくざ映画は監督の作風により千差万別。好みに合いそうな監督がいたらそこから追ってみてはいかがでしょう。

①マキノ雅弘（一九〇八年～一九九三年）　戦前から活躍する、日本の娯楽映画の礎を築いた監督の一人です。任俠映画といっても決してかしこまらず、「古くからの下町の粋」として表現。暗く硬くなりがちな任俠映画にあって、賑やかな江戸っ子気質の中にやくざの心意気を映し出しています。

〈代表作〉「日本俠客伝」シリーズ

②石井輝男（一九二四年～二〇〇五年）　陽気で軽快なタッチを得意とする監督で、スピード

感あふれるアクション演出でギャング映画を牽引。「網走番外地」シリーズでは全十作のほぼ全てを異なるタッチの作品として展開しました。唐突なギャグ描写など、コミカルな軽妙さも楽しいです。

〈代表作〉「網走番外地」シリーズ

③加藤泰（一九一六年〜一九八五年）　抒情的な映像を得意とし、虐げられた者や弱者の悲しみを独特のローアングルでしっとりと映し出していきます。様式的な美しさで撮る監督なのですが、そこにミスマッチともいえるバイオレンス描写を盛り込んでくることもあり、油断なりません。

〈代表作〉『明治侠客伝　三代目襲名』（一九六五年）『緋牡丹博徒　お竜参上』『男の顔は履歴書』

④小沢茂弘（一九二二年〜二〇〇四年）　武骨で荒々しいタッチの作風で、任侠の世界に生きるやくざたちの生きざまを雄々しく謳い上げていきます。大胆なアクション描写も得意で、ダイナマイトなどによる爆破シーンを殺陣に盛り込んだりもしています。

〈代表作〉「博徒」シリーズ

⑤鈴木清順（一九二三年～二〇一七年）　前衛的でスタイリッシュ、アバンギャルドな作風で知られる監督ですが、日活では任俠映画も数多く撮っており、そこでも作風は一貫。色とりどりの襖《ふすま》、見るからにハリボテのセットなど、シュールな映像美の中で任俠のドラマを展開させています。

〈代表作〉『花と怒涛』『刺青一代』（一九六五年）『東京流れ者』

⑥山下耕作（一九三〇年～一九九八年）　情緒あふれる映像美の中で、人間ドラマの情念を丁寧に掘り下げていくのが抜群に上手い。任俠映画から実録映画の時代にかけてもそこは一貫しており、破滅に向かっていくやくざたち、それに巻き込まれる女性たちの苦しさが切々と伝わってきます。

〈代表作〉『博奕打ち　総長賭博』『日本暴力列島　京阪神殺しの軍団』

⑦深作欣二（一九三〇年〜二〇〇三年）　鬱屈したチンピラたちによる八つ当たりのような暴力を、人もカメラも動き回る荒々しい映像によって切り取っていきます。「仁義なき戦い」シリーズが有名ですが、それ以外の作品にそうした「らしさ」が出ていたりもします。
〈代表作〉『現代やくざ 人斬り与太』『仁義の墓場』『県警対組織暴力』

⑧中島貞夫（一九三四年〜）　深作欣二と同様に暴れまくるやくざを撮ってきた監督ですが、深作の描くやくざが完全燃焼ともいえる振り切った暴れ方なのに対し、中島作品のやくざは燃えきれない、どこか燻ぶったままの情念を抱え続けることが多いのが特徴です。
〈代表作〉『893愚連隊』『実録外伝　大阪電撃作戦』『沖縄やくざ戦争』

⑨五社英雄（一九二九年〜一九九二年）　脚本家の高田宏治とのコンビで、やくざ映画の中に女性や家族のドラマを格調高く打ち出してきました。といっても、元は時代劇で激しい立ち回りを得意としてきた監督でもあるので、アクションも重厚かつ派手。男性同士はもちろん、女性同士の戦いの見応えもあります。

〈代表作〉『鬼龍院花子の生涯』『陽暉楼』『極道の妻たち』

⑩三池崇史（一九六〇年〜）　Vシネマ世代の旗手の一人といえる監督です。悪ふざけをしているのではないかと思うこともあるほど振り切れたバイオレンス描写が特徴で、そのため恐ろしい人間たちによる残酷な映像が展開されているにもかかわらず笑えてきたりします。

〈代表作〉『極道戦国志 不動』（一九九六年）「DEAD OR ALIVE」シリーズ

第四章
作品の考察

A）作家論からみるやくざ映画～笠原和夫と『仁義なき戦い』の戦後史

やくざ映画＝恐い人たちが戦う映画。観賞後でもその印象や苦手意識はぬぐえないかもしれません。しかし、そこに込められた作り手たちの想いを知ると、全く異なる見え方になってくるのではないでしょうか。そこで――

ここでは、『日本俠客伝』『博奕打ち 総長賭博』『仁義なき戦い』というやくざ映画史を語る上で欠かせない作品を生み出した東映の脚本家・笠原和夫の作家性を掘り下げていきます。彼の人生やその中での想いがどのようにやくざ映画に反映されていたのか――。

ちなみに、本文は二〇〇二年末に執筆した大学卒業論文が土台になっております。

①笠原和夫の描く鶴田浩二

『博奕打ち 総長賭博』の鶴田浩二、『女渡世人 おたの申します』の藤純子、『仁義なき戦い 広島死闘篇』の北大路欣也、『県警対組織暴力』の菅原文太、『やくざの墓場 くちなしの花』の渡哲也――。笠原和夫の代表作に登場する主人公たちは皆、世間に背を向けた（向けられた）日陰者でした。そして、彼らは皆、報われない結末を迎えています。

そうした笠原らしいキャラクター像が端的に表れているのが、「日本侠客伝」シリーズにおける鶴田浩二の役割です。

このシリーズの主演は高倉健ですが、「流れ者の渡世人」がゲストで必ず出ており、一作目を除く多くの作品で鶴田浩二がそれを演じていました。野上龍雄、村尾昭と三人の共同執筆で、この鶴田のパートを担当したのが、笠原でした。

高倉健が演じる主人公はたいていの場合やくざではなく、鳶や火消しといった堅気です。そのため喧嘩は禁止されている。ラストの殴り込みに向かわせるためには、観客にそれを納得させるだけの動機、トリガーが必要になります。

そのために用意されたのが「ゲスト＝鶴田浩二の死」でした。この悲劇を受け、高倉健は敵地へ殴り込みをかけます。いわば、鶴田浩二はかませ犬。死ぬために存在する役割で、一人で殴り込み、ひっそりと死んでいく。死ぬことで初めて完結する人生なのです。

その雰囲気が如実に出ているのが、シリーズ第四作『血斗神田祭』です。これはシリーズで唯一、笠原が単独で書いた作品なのですが、それだけにいっそう「鶴田浩二ポジション」が際立つ内容になっています。

神田祭が賑やかに開催される中、その喧騒を背中に聞きながら鶴田浩二は誰もいない裏通りを歩き、敵地へ向かいます。この対比が、鶴田の陰をいっそう深くしています。そして、ラストでは高倉健が町の衆に見送られながら警察に連行されるのに対し、鶴田浩二は誰にも知られず死んでいきます。

こうしたゲスト像に対して、笠原はこう述べています。

「主役と違ってゲスト役の設定は、作者のわたしの好みで押し通すことが出来る」（笠原和夫『破滅の美学』幻冬舎アウトロー文庫）

②怒りを売っている！

それではなぜ、笠原はそうした鶴田の役柄を「好み」とするに至ったのでしょう。笠原和夫は一九二七年、東京に生まれます。いわゆる「私生児」で、籍に入ったのは後になってのことでした。籍に入ってからも、芸者出身の継母には厳しく当たられ、父親は子供に無関心。しかも笠原自身は喘息もちで小学校はトータルで半分ほどしか出席できなかったといいます。そうした中で、自身に「日陰者」としての意識が生まれていったのです。それが、描くやくざ像にも強く反映されることになります。
後に笠原はこう述べています。

「表側に立つ人間というのがいやでね。明るくてさ。たとえば石原裕次郎みたいなタイプのヒーローってのは嫌いなんだ。なにか裏側の路地をうろついてる奴のほうが好きなんだ」
（田山力哉『日本のシナリオ作家たち』ダヴィッド社）

その後、中学に上がった笠原は海軍に憧れますが、「私生児」であることを理由に海軍兵学校を受けることすらできませんでした。そのため、志願水兵として広島の大竹海兵団に配属となります。憧れて入った海軍でしたが、そこは笠原の理想とは程遠いものでした。配属されてすぐにリンチを受け、新入りの中にはその場で発狂して病院に担ぎ込まれた者もいたといいます。そうした中で、国家体制への不信感を高めていきました。

「私を誑《たぶら》かした狐の正体は判っている。時の権力者の恣意《しい》によって個人の生死まで翻弄す

る、『国家体制』という人類が生み出した究極の化け物である」（笠原和夫『「妖しの民」と生まれきて』講談社）

戦争が終わって全てが解決したかというと、そうではありませんでした。焼け跡において、自力で食いつないでいかないとならない状況は、さらに過酷なものだったのです。笠原の自伝『「妖しの民」と生まれきて』には次のようなエピソードが書かれています。笠原は毎日を日雇いの肉体労働で暮らし、仕事のない時は日比谷公園へ行っていたそうです。ソフトボールに興じる米兵の捨てた煙草の吸殻を拾い集めるためです。その際、戦災で孤児となった浮浪児たちが行き倒れていく様を目にしました。だからといって自分でも何もできない。笠原自身も闇市でイカの丸焼き一本を買う金しかなかったのです。

その時のことを、笠原はこう振り返ります。

「自分が生きるために奔命する、ただそれだけのことでさえ、周りの誰かを傷つけ、斃死《へいし》させたに違いなく、この命のつづくことがただちに罪そのものなのであった」（『「妖しの民」

と生まれきて』）

③やくざ映画への情念

東映がやくざ映画全盛だった一九六〇年代中盤から後半にかけて日本は高度経済成長のピークにありました。六四年の東京オリンピックと前後して、東京を中心に都市化が進み、レジャーなどに興じるファミリー層や若者も増えました。それもまた、笠原和夫には生きにくい社会だったようです。戦後の繁栄について、後にこう書いています。

「日本は、今だって貧しい国のはずなのだ。今の豊かさは、誰かに押しつけられた豊かさに違いない。そういう押しつけに馴らされてしまって、遊びと浪費に頭の先まで漬かってしまっている若い人を見ると、虫酸が走る」（『シナリオ』一九八三年七月号）

日陰者としての怒りを抱え、人間を信じない笠原にとって、戦後の繁栄は上っ面だけの綺麗事に過ぎませんでした。そうした情念を表現するのに「やくざ」は格好のテーマだったのです。

「やくざそのものに共感はしませんけどね。ただ世間なりなんなりに裏切られてきて、そういう蟻地獄みたいなところに落ちちゃったという人間には共感できる」(『日本のシナリオ作家たち』)

路地裏で誰にも知られずに死んでいく鶴田浩二は、人間不信、繁栄への嫌悪——まさにそんな笠原の想いが具現化した姿だったのです。

④『博奕打ち　総長賭博』

こうした笠原の想いが、一本の傑作に結びつきます。それが六八年の『博奕打ち　総長賭博』でした。会社としては、組長たちが集まって大金が行き交う「総長賭博」を賑やかに描きたいというプランでした。が、笠原はそれを無視します。あくまで日陰のやくざのドラマを作ることにこだわったのです。そして山下耕作監督がこう提案します。

「兄弟仁義の逆をやりたい」（『破滅の美学』）

第一章で述べたように『兄弟仁義』の「俺の目をみろ　なんにもゆうな」という信頼関係が任侠映画では美徳とされていました。毎回そればかりやってきたことに山下は欲求不満を抱えていたのです。人間不信を強く根差して生きてきた笠原にとっても、それは「渡りに舟」だったといえます。

舞台となるのは、組長が倒れて跡目の決まっていない天竜一家。幹部の中井信次郎（鶴田浩二）と松田（若山富三郎）は固い友情で結ばれた兄弟分です。中井の妹の弘江（藤純子）は松田の妻であり、二人は実際の義兄弟の間柄でもありました。この二人が、心ならずも死闘を繰り広げることになるのです。

笠原の書いた脚本を読むと、その冒頭に、中井についての次のような描写があります。

「ただ掟に従う鉄のような意志だけが冷たく浮かんでいる」

この、掟に対する中井の「鉄のような意志」が結果として悲劇を巻き起こしていくことになるのです。松田は刑務所に入っていますが、格と功績から言えば跡目に最も近い。しかし、組の実権を握ろうとするオジキ分の仙波（金子信雄）は格下の石戸（名和宏）を推します。中井はそれに従います。オジキには逆らえない。それがやくざの掟なのです。

一方、出所した松田はこの決定に激怒します。石戸の襲名を祝う「総長賭博」が開かれ、全国から親分衆が集まる中、松田は石戸を殺してしまいます。そして、掟に従い、中井が松田を殺さざるをえなくなる。

掟を守ることを信条とする中井と、筋目とプライドにこだわる松田。二人が憎しみ合う理由など本来ならどこにもありません。通常の東映やくざ映画であれば、二人のどちらかが真の敵、つまり仙波の目論見に気づき、二人で倒す――となるところです。しかし、ここではそうなりません。自らの信念に固執した二人は、そのために破滅的運命を迎えます。

中井が松田を殺す場面を笠原は次のように描写しています。

松田、ニッと笑うと、崩れ落ちて絶息する。

影のようにその脇に立ち尽くす中井。

死んでいく者と生き残る者との、皮肉な明暗のコントラストが浮かび上がる描写です。ここで松田が見せる笑顔は、呪縛から解放され、一人の人間として死ぬことのできる安堵感の表れであり、一人で呪縛を背負うことになった中井は立ち尽くすことしかできない。

一人残された主人公の中井には、追い討ちが待っています。弘江が、夫を殺した兄に対して「気狂いッ！　人殺しッ！　人殺しッ！」となじるのです。

掟に従った行動が、自身を孤独と絶望の淵へと追い込みます。そして、ここにきてようやく中井は仙波に刃を向ける決意をします。その道行の描写も「闇の中をうごめくように辿ってくる中井」と、重苦しい。ヒロイックとはかけ離れています。

それは、これまでの自分自身を自ら嘲笑《わら》う戦いでもありました。絶望的な状況の中で中井はそれまでの生き方に対して開き直ります。

中井「てめえの為に……みんな死んだ……今度はてめえの番だ」
仙波「中井ッ……オジキ分のワシにドスを向ける気かッ！
てめえの任侠道はそんなものだったのか……！」
中井「任侠道か……そんなもんは俺にはねえ……俺は、ただの、ケチな人殺しなんだ
……」

これまで自分が信奉してきた任侠道。だが、そのために悲劇を生んでしまった。その愚に気づいた今、もはやただの「ケチな人殺し」でしかない。その果てに、ようやく中井は全てにケリをつけます。ですが、何もかも失った中井には何も得るものはありません。誰も救われません。そこにあるのは、ただの自己完結。重苦しいものが残ります。

その姿は、笠原の描いてきた「報われずに死んでいく日陰者のやくざ＝鶴田浩二」像の集大成といえるものがありました。

⑤『博奕打ち　いのち札』

「歴史編」で述べたように、『総長賭博』は三島由紀夫に絶賛されました。それは、「日陰者のエンターテインメント」であったやくざ映画に「芸術性」という市民権を与えるものでもありましたが、同時に笠原を追いつめてもいきます。

それ以来、笠原は三島の目を意識するようになったのです。より情念のこもった複雑なドラマを書かなければ——。それが、七〇年の三島の割腹で「解放された」というのです。

「もしそのままなにごともなかったら、わたしは『三島』の名に呪縛されて、ますます様式ドラマにのめり込んで、完璧の域に達したか、あるいは袋小路に追いこまれて窮死したか、のどちらかだったろう」

「日本が連合軍に敗北したことが明らかになったときに味わった感情に似ていた。無念である一方で、頭の上の重石《おもし》が除かれたような解放感である」(『破滅の美学』)

『博奕打ち　いのち札』(一九七一年・山下耕作監督)の執筆中に三島の割腹事件は起きました。つまり、執筆段階の笠原は「情念の袋小路」の真っ只中にいたということです。

主人公の清次郎（鶴田浩二）は旅役者の静江（安田道代）と恋仲になります。ところが彼は出入り（喧嘩）に参加して刑務所に行くことに。その間に、静江は親分の女房になってしまいます。しかもお互いにその事情を知りません。清次郎が出所すると親分は殺されており、静江が組を仕切る立場になっていたのです。清次郎はかつての恋人を「姐さん」として立てなければならない。その状況下で、二人は跡目を巡る争いに巻き込まれていきます。

具体的な描写を提示するまでもなく、この複雑な話の設定、展開だけで、いかに笠原が「情念のドラマ」の限界に追い込まれていたのかが分かります。

ラストの立ち回りでの、山下耕作による演出はまさにその象徴といえます。「血の海」という言葉がありますが、ここでは文字通り、畳の間、襖の間、天井から血が洪水のように噴き出してくるのです。血の海の中で鶴田浩二と安田道代は抱き合ったまま、のたうち回る。それは、ドラマの出口を求めてもがき苦しむ山下と笠原の、やり場のない情念の表出した映像でした。

そうした壁にぶつかる中で三島の死がもたらした「解放感」は、笠原を新たな段階に進ませることになります。

⑥『仁義なき戦い』のスタート

『週刊サンケイ』に連載された飯干晃一の『仁義なき戦い』は、一九六〇年代の広島で起きた実際の暴力団の抗争事件について、抗争の中心人物である美能幸三の獄中記を元に書かれたノンフィクションでした。これを映画化するにあたり、脚本を任されたのが笠原です。親分・子分、敵・味方、さまざまな思惑と人間関係の因縁が入り乱れての混沌とした抗争劇という題材を前に笠原は途方に暮れます。

そこで笠原は美能幸三に直接取材することにします。単身で広島へ向かった笠原は、現地で美能と意気投合します。共に呉の海軍出身だったからです。酒の力も加わり、美能が笠原に話した内容は原作をはるかに超えた、やくざの生態を生々しく捉えたものだったといいます。これが再び笠原を困惑させました。

「エネルギッシュで生々しく、残酷でいてなにか浮き世ばなれしたようなズッコケたヤクザ・ワールドの人間葛藤図は、それまでの任俠映画のパターンは収まりきらず、といってほかにパラダイム（典範）として模すべき映画は思い当らなかった」（『破滅の美学』）

そんな時に笠原が出会ったのが、日活ロマンポルノ『一条さゆり　濡れた欲情』（一九七二年、神代辰巳監督）でした。実在のストリッパーの生態を描いた作品なのですが、ストーリー展開や物語構造の中で人物を表現するのでなく、キャラクターのありのままの姿をスクリーンに展開させるという手法が採られています。それを笠原はやくざ映画に持ち込もうとしたのです。抗争に明け暮れるやくざたちの生態をデフォルメして描き、これまで「男の中の男」として描いてきたやくざたちを「男の中の男でない男」と捉え直す。

そのために笠原が採った手法は「コメディ」でした。やくざの生態を滑稽に描くことによって、それまでの「男の中の男」の背後に隠れていた情けない、だらしない部分を引きずり出そうというのです。

『仁義なき戦い』というと、そのタイトルや出てくる面々の厳つさ、広島弁による怒鳴り合いの迫力などもあり、「恐ろしい映画」という印象を抱く方もいるかもしれません。が、実際に観てみると、驚くほどズッコケのシーンが満載です。

たとえば、喧嘩を収めるために主人公の広能昌三（菅原文太）が指を詰める場面。普段ならやくざの「男気」の見せ場なのですが、ここでは、それがなかなか上手くいかず、切った指が庭へ飛んで行ってしまい、それを組員みんなで探すという展開になっています。また、敵対する組長を襲撃しようと密談する場面も、居並ぶ面々は揃いも揃って尻込み。槙原（田中邦衛）に至ってはウソ泣きまで始めてその場から退散する始末。

こうした、厳つい雰囲気の裏側にある情けなさ。それをコミカルに描いている点も、この作品の斬新なところでありました。

⑦親分＝神輿

『仁義なき戦い』の前半はこうした喜劇性や、広能と刑務所で兄弟分となる若杉（梅宮辰夫）が筋道を重んじながらもそのために悲劇に巻き込まれていく展開など、「仁義なき」という感はそこまでは強くありません。

後半になってそれが一転します。若頭の坂井（松方弘樹）と組長の山守（金子信雄）が対立するのです。坂井は、山守にこう言い放ちます。

坂井「あんたは初めからわしらが担いどる神輿じゃないの。組がここまでなるのに、誰が血流しとるんや。神輿が勝手に歩けるいうんなら歩いてみないや！」

自分の親分を「神輿」と言い切ってしまう子分。これぞまさに「仁義なき」です。対立は坂井の優勢で展開します。一方、坂井に押されっ放しの山守は出所してきた広能を抱き込み、坂井を殺すようけしかけます。子分が親分を追い落とし、親分が子分を狙う。全ての人間関係のベクトルが争いを示す構図になっているのです。ここにも笠原らしい人間不信、体制不信が見て取れます。

ただ、主人公の広能自体は武闘派ではありますが、仁義は重んじます。しかも坂井は若い頃に共に汗をかいた間柄。そのため、坂井に対して親分と和解するように持ち掛けます。そんな広能を、坂井はあざ笑うのです。

坂井「こんなの考えちょることは理想よ。夢みたいなもんじゃ。山守の下におって仁義もクソもあるかい。現実いうもんはの、おのれが支配せんことにゃどうにもならんのよ」

「力」を頼りに自分だけのし上がっていこうという権力欲の塊ともいえる坂井の人生観。これこそが『仁義なき戦い』の《仁義なき》ところです。しかし、笠原はそんな坂井をただの野心家としては描いていません。背負う宿業を浮き彫りにしていくのです。

物語の終盤、坂井の命をとりそこねた広能を坂井は赦します。そして、車の後部座席でこんな想いを吐露しています。

坂井「のう、昌三、わしらよ、何処で間違えたんかのう」
坂井「夜中に酒飲んでるとよ、つくづく極道がいやになっての……足洗うちゃるか思うんじゃが……朝起きて若いもんに囲まれちょるとよ、のう、夜中のことは忘れてしまうんじゃ」

そんな坂井に広能はこう言い放ちます。

広能「……最後じゃけん、云うとったるがよ、狙われるもんより、狙うもんの方が強いん
　じゃ……そがな考えしとったらスキが出来るぞ」

この直後に坂井は何者かに暗殺されます。「力」によってのし上がっていった坂井ですが、そのために他人を信用できなくなってしまっている。本人もそれを知っている。だが、それでもなお「力」を捨てることはできない。そこには、支配欲に取り憑かれてしまった人間の哀しい皮肉があります。

そしてラストシーン。坂井の壮大な葬式に広能が参列します。その遺影の脇では山守が大きい態度で坐っています。広能は周囲を無視して霊前に立ち、坂井の写真を見上げます。

ここからの展開を笠原の脚本は次のように描写しています。

広能「鉄っあん……あんた、こがなことして貰おうて、満足か……満足じゃないよのう
　……わしも、おんなじじゃ……」

いきなり内ポケットから拳銃を抜きだし、撃つ。香炉を吹ッ飛ばし、供物の花を吹ッ飛ばし、灯明を吹ッ飛ばす。呆然と見守るのみの一同。

山守「広能ッ、おまえ、腹ククッた上でやっとるんか！」

拳銃を持ったまま山守に振り向く広能。

広能「山守さん……弾はまだ残っとるがよう……」

『仁義なき戦い』と『総長賭博』には重なるところがあります。それは、どちらも金子信雄が黒幕を演じていることです。その黒幕は、仁義を重んじる主人公を利用する。悲劇の果てに、主人公が「仁義」を捨てるのも同じです。主人公に刃を向けられた際の金子信雄のリアクションのセリフも似ています。本作もまた、空しい日陰者のドラマだったのです。

が、大きく違う点があります。それは、『総長賭博』の鶴田浩二は金子信雄を刺し殺すことができましたが、『仁義なき戦い』の菅原文太にはそれができません。本来の標的だった坂井の遺影に銃を放ちますが、親分には銃口を向けるものの捨て台詞を吐くしかない。

標的を仕留められない、空しい銃口がそこにあるのみです。その報われない苦さは、さらに強まります。

⑧『広島死闘篇』～対立する二つの戦後

本作は東映にとって起死回生となる大ヒットを遂げます。その功績は笠原の脚本によるところもありますが、深作欣二監督の演出の力も大きかった。その荒々しくもスピーディな演出はそれまでの東映京都にはないもので、ワイルドな暴力描写の数々は任俠映画で培われてきた様式の壁を痛快なまでに破壊するものでした。それに対して笠原は不満を抱いていました。

「画面がポンポン飛ぶでしょう？　まともなシーンが出てこないから頭に来ちゃってさ、深作の顔も見ないで企画室に上がっちゃった」

「『仁義』はもう少しドラマを描こうとしたんだけれど、深作のテンポで行くとそれが吹っ飛んじゃう」（杉作J太郎・植地毅編著『「仁義なき戦い」浪漫アルバム』徳間書店）

笠原としては、緻密な計算を重ねながら脚本に書いたにもかかわらず、実際の作品を観ると正反対の印象を受けます。次から次へ激しい場面が続き、入り乱れた人物関係が人もカメラも激しく揺れ動く映像とともに映し出される。ですから、初見では何が起きているのか完全には把握できない部分があります。その凄まじい勢いが観客を巻き込み、魅了していったわけですが、それは脚本家として喜ばしいものではありませんでした。

『仁義なき戦い』の大ヒットを受け、東映の岡田茂社長はすかさず第二作の製作にとりかからせます。そして、引き続き笠原と深作のコンビが組まれます。

一作目に不満を抱いていた笠原は二作目にあたり、あるプランを考えました。

群像による抗争劇を描いた前作と打って変わって、個人の情念を追ったドラマとしたのです。山中（北大路欣也）という海軍出身の実在のヒットマンをモデルにした青年が主役に据えられます。

「私は山中を、戦争に行き遅れた軍国少年の挽歌として描いたつもりで、国家への忠誠を親分に捧げ……殺人を重ねてゆく姿の中に、実は私自身の中のあの時代の残滓を具象化してみたかった」（『シナリオ』一九七四年二月号）

「軍国主義教育」の中で「国家のために命を捨てる」と信じて軍隊に入ったが、それを果たすことができずに戦後を生きる。それは、戦後の焼け跡を生きた笠原和夫そのものといえます。戦争で散るはずだった命が生きながらえ、新たに忠誠を捧げる「親分」と出会ったことで、遂げられなかった想い――お上＝天皇・国家に殉じること――を遂げようとする。そんな男の物語が展開されていきます。初めて人を殺す際には「予科練の歌」を口笛で口ずさみ、バーの女には拳銃を「ワシのゼロ戦」と見せびらかす。そこには、自身を戦争に向かわせた国家体制を「究極の化け物」と断じた、笠原の情念が込められています。

一方の深作は、この山中を軸に追っていく笠原の脚本に対し「現代の若い観客にそうした意図を伝えることは無理」（『シナリオ』一九七四年三月号）だと言い放っています。

深作が注目したのは山中ではなく、その敵として登場するやくざの若親分・大友勝利（千葉真一）でした。山中は闇市で大友から壮絶なリンチを受けたことをキッカケにやくざの道に入り、そして組長（名和宏）や若頭（成田三樹夫）に命じられるまま、大友やその子分たちを標的にしていくのです。

とにかくこの大友、吐く言葉の全てがぶっ飛んでいます。

「なにが博打打ちなら！　村岡が持っちょるホテルは何を売っちょるの、淫売じゃないの。云うなりゃあれらはオメコの汁で飯食うとるんで」

「わし等うまいもん喰ってよ、マブいスケ抱く為に生まれてきとるんじゃないの」

深作は、こうした勝利のキャラクターに強い好感を覚えたのです。

「『戦争に行き遅れた青年』の北大路欣也、それに対抗する暴力派・千葉真一という比較論で言えば、僕自身はかなり後者の方に共鳴を感じていました」（『仁義なき戦い』浪漫アルバム』）

そして深作は千葉真一と二人で脚本から飛躍させて独自の大友勝利像を作り上げていきます。

冒頭から股ぐらを掻きながら登場し、ピストルを向けられれば急に怯えて段ボールの切れはしで顔を隠し、ボートで引き摺り回して気絶させたチンピラを吊るして射撃練習をする。自分の強さも弱さも全て極端なまでに曝け出しながら這い上がって行こうとする大友の姿を、深作は目いっぱいの躍動感とともに映し出していきます。

笠原と深作が、それぞれに異なる人物へと傾倒していった背景には、この作品の舞台となった戦後の闇市時代に対する二人のスタンスの違いがありました。

深作は一九三〇年に水戸で生まれ、ここで厳しい戦争経験をしています。米軍の艦砲射撃により周囲で次々と人が死んでいく。それを運ぶのが日常で、「死」を毎日のように目にして過ごします。その一方で、戦後の生活は打って変わって余裕のあるものであったといいます。読書、テニス、映画……娯楽にあふれた生活。戦争中、死と隣り合わせになった状況からの変化もあり、深作にとって戦後の焼け跡は過ごしやすい場所だったのです。

「あの混乱と可能性にみちていた敗戦直後の一時期に限りない憧憬を感じながら、そうした自分自身の情念と感覚を、無法者のドラマにねじ込みたいともがいていた」（田山力哉責任編集『シネアルバム・菅原文太』芳賀書店）

戦後の焼け跡体験について、笠原は「思い出すのもおぞましい暗黒の時代」と言う一方、深作は「限りない憧憬」を感じています。こうした相違は、終戦時の二人の年齢が関係しているといえるでしょう。当時、笠原は十八歳、深作は十五歳。軍隊生活を終え、東京の焼け跡で極貧の中、自力で生活するしかなかった笠原と、地方で娯楽に満ちた学生生活を送ることのできた深作。わずか三つの年齢差には、それだけの違いがあるのです。

それはそのまま劇中の山中と大友の関係性そのものでした。

⑨『仁義なき戦い　代理戦争』～遺骨の向こうの原爆ドーム

しかし、ラストの山中が自殺するシーンの描写は、山中に感情移入しているはずの笠原のシナリオよりも、深作の映像の方が悲愴感に満ちています。

笠原の脚本は、こう描写されています。

山中、大きな深呼吸を二度三度繰り返している。最後に大きく息を吸い込み、同時に拳銃の銃口をこめかみにあてがい、力一杯引金を引く。

一方、深作の撮った映像では、すでに山中の銃に銃弾はなく、小麦粉を詰めるのです。そして、こめかみではなく口に銃口をくわえ引き金を引く。

銃弾すらなくなった銃で自ら死んでいく山中の姿には、銃弾のない戦闘機に乗って死んでいった特攻隊員の姿を連想させるものがあります。自分の拳銃を「わしのゼロ戦」と呼ぶ「行き遅れた軍国少年」山中の死について、深作はさらにそのメッセージ性を強めているのです。悲惨な戦争体験をした者だからこその怒りが、両者には通底していたのです。

その怒りは第三部『仁義なき戦い　代理戦争』でさらに強く表現されます。

ここでいよいよ広島の抗争事件は佳境を迎えます。広島最大のやくざ組織の跡目争いが、神戸の大組織を巻き込んでの抗争に発展していく。その中で、各幹部たちはそれぞれに保身を第一に動き、状況に応じて手のひらを返し続け——と、一作目の前半をさらに上回るズッコケぶりが展開されていきます。

それもそれでかなり面白いのですが、本作にはもう一つの主眼があります。それは、組長レベルでは政治取引の応酬が繰り広げられる一方、何も知らない末端の子分たちはその純粋な想いが先走り、暴力へと駆り立てられていくのです。

中でも広能の子分の若者・倉元（渡瀬恒彦）に焦点が当てられています。抗争の詳しい経緯も、政治的取り引きも知らない倉元は、「親分の敵」と信じた敵の命をひたすら狙い続けます。そして、兄貴分（川谷拓三）に裏切られ、非業の死を遂げる。

映画のラストはその葬儀シーンになっています。倉元の骨壺を抱えた広能は、敵に襲撃されます。その場面、笠原は次のように描写しています。

瓶ごと骨片が辺り一面に散乱する。

水上が急いで散った骨片を拾おうとして、「アチッ！」と放り出す。広能も拾う。

まだ灼けるような熱さをジッと掌の中で握りしめるようにして、初めて広能の眼尻から激しい悔恨の涙が伝わり落ちてくる。

子分が触れないほど熱い骨を握りしめる広能の描写を通して、笠原は若者の死に対する悔恨を表現しようとしています。そして、このシーンの最後に、深作はある映像を加えています。広能の視線の先に、原爆ドームが建っているのです。上の人間の保身と政治的取引。それらを何も知らずに死んでいく純粋な若者。その先にある原爆ドーム――。先の戦争に対するストレートな怒りが、この場面には仮託されているのです。

そして、最後は次のようなナレーションで締められます。

N「戦争が始まる時、まず奪われるのは若者の命である」

本作は「反戦映画」でもあったのです。

⑩『仁義なき戦い　頂上作戦』～やくざの時代の終焉

ここまでの三作、全てに共通することがあります。それはラストシーンが葬式で、そこに参列する広能が苦い顔をしているということです。誰かの死によって何かが解決するわけでも、その死によってドラマが劇的に盛り上がるわけでもない。誰かが死ねば、通常通りに儀式が行われる。報われない空しさを残して――。それが、このシリーズに通底する「死」へのスタンスでした。こんなところにも、任俠映画の時代から貫かれた笠原ならではの日陰者の情念が伝わってきます。

笠原による最後の「仁義なき戦い」となった第四作『頂上作戦』は、初めて葬式以外のシーンで終わります。ですが、それは葬式以上に弔いの色合いの強いものでした。やくざたちが抗争を繰り広げていく中で、彼らの外側には最強の敵がその勢力を拡大していました。「善良な市民」たちです。本作は次のようなナレーションで始まります。

N「昭和三十八年春、東京オリンピックを翌年に控え、池田内閣の高度経済成長政策の下で繁栄に向かって急ピッチな前進を始めた市民社会は、秩序の破壊者である暴力団にようやく非難の目を向け始め、それに呼応して警察も頂上作戦と呼ばれる全国的な暴力団壊滅運動に乗り出していた」

本書の最初で述べた通り、やくざ映画のやくざと現実のやくざは異なります。映画はあくまでファンタジーであり、そこに描かれるやくざはあくまで架空の存在です。が、この「頂上作戦」はその一線を越えます。ナレーションで示す通り「秩序の破壊者である暴力団」という現実を突きつけているのです。そうまでして描きたいものがありました。

抗争が泥沼化しエスカレートする一方で、やくざ社会と「市民社会」との戦いも描かれていきます。銃撃戦に市民が巻き込まれたことに端を発する「暴力団追放運動」。マスコミによる暴力団批判。そして警察による幹部クラスの一斉検挙＝「頂上作戦」。やくざ同士による抗争に勝者はなく、敵対するどちらも「市民社会」という新たな勢力に飲み込まれます。やくざという存在そのものが敗れたのです。広能や山守を始めとする中心人物は皆、警察に逮捕されてしまう。明確な決着はつかないまま抗争は終結。

これまでのやくざ映画であれば、登場人物の生き様、死に様は、あくまでもやくざ社会の中での自己完結として帰結してきました。『仁義なき戦い　頂上作戦』では、それが許されないのです。怒り、怨念の全てが「やくざ」＝「社会の悪」という図式の中で押しつぶされていきます。そして残るのは自己完結とは程遠い、空しい敗北感だけ。

ラストは、激しい抗争を繰り広げてきた広能と武田明（小林旭）が裁判所の廊下で出会い、さびしく語り合うシーンになっています。

武田「わしも全財産はたいて一文無しじゃけん……ほいで新聞にア叩かれるし……これからはのう、政治結社にでも変えていかにゃアやっていけん……」
広能「そりゃアそれでいいかも知れんが……もう、わしらの時代も終いで。十八年も経って、口が肥えてきたけんのう、わしらもう野良突く程の性根はありゃせんのよ」
武田「（深く頷いて）……」
武田側の看守たちが連れにくる。
武田「昌三……辛抱せいや……」
曳かれ去ってゆく武田。
シン、と冷たく人気のない廊下に立ち尽くしている広能。

そして笠原はこんなナレーションで、『仁義なき戦い　頂上作戦』のシナリオを締め括っています。

N「こうして広島抗争事件は、死者十七人、負傷者二十余人を出しながら、実りなき終焉を迎え、やくざ集団の暴力は市民社会の秩序の中に、埋没していったのである」

市民社会に敗れたやくざへの弔い。それが、あのラストシーンでした。

⑪『県警対組織暴力』～得体の知れない恐怖感

では、なぜ笠原は一線を越えてまで、「市民社会に敗れるやくざ」を描いたのでしょうか。『仁義なき戦い　頂上作戦』の狙いとして、笠原は以下のように述べています。

「オリンピック・ムードの中での警察、ジャーナリズムそれに一般市民、そういう連中の醸し出す管理体制への移行というか、一般的な大衆社会の正義というものが大手をふるってくる雰囲気の中で、やくざのちょっとした自己表現の行為も、たちどころに暴力行為となってしまう、そういうところにある、何か得体の知れない恐怖感というものが出ればいいな、と思っているんですが」（『キネマ旬報』一九七四年正月号）

『仁義なき戦い　頂上作戦』の舞台となった昭和三十年代後半から四十年代にかけてというと笠原が任俠映画を書いていた時期です。戦後の繁栄に浸る人々を「虫酸が走る」と言い放ち、やくざ映画の「やくざ」たちに共感した笠原は、「虫酸」の正体を「得体の知れない恐怖感」として「頂上作戦」に叩きつけていたのです。本編でカットされてはいますが、『頂上作戦』のシナリオには集団ヒステリー状態に陥った市民たちによる、やくざへのリンチシーンも描かれています。それこそが笠原の言う「何か得体の知れない恐怖感」の具現化したものでした。

そして『県警対組織暴力』は、その「恐怖感」を作品の主軸に据えます。

『県警対組織暴力』の舞台となるのは「倉島市」という架空の都市。ここでは地元警察とやくざが終戦以来、共存共栄していました。そこに、埋立地にコンビナートを建てるという計画が持ち上がり、推進派の新興やくざと反対派の地元やくざが抗争を繰り広げる。

地元署の刑事・久能（菅原文太）はコンビナート反対派やくざの若頭・広谷（松方弘樹）に惚れ込み、兄弟分の契りを結びます。それもあって当初は反対派が優位に立ちますが、石油会社と癒着した県警のエリート本部長・海田（梅宮辰夫）が「頂上作戦」の波に乗って倉島市に乗り込んできたことで風向きが変わります。そして、県警とマスコミをバックにした推進派のために反対派は瓦解してしまうのです。

今までのやくざ映画のパターンでしたら、こうした産業利権と結びついた新興やくざは共同体の平和を侵す「悪役」として主人公の制裁を受けてきました。しかし、それはあくまでファンタジーの世界です。現実の市民社会の観点からは、こうした共同体こそが「悪」として制裁を受ける立場となるのです。この映画は、その「現実」に根差しています。主人公の久能ができることといえば、ただ毒突いて流れに反抗する程度です。

久能「海田さん……あんた、年はなんぼじゃ？」

海田「二十八だが」

久能「じゃったら、日本が戦争に負けた時ァ十じゃったのう。あの頃はの、上は天皇陛下から下は赤ん坊まで、みんな流しのヤミ米喰らって生きとったんで！　あんたもその米で育ったんじゃろうが。奇麗ヅラして法の番人じゃなんじゃ言うんじゃったらの、十八年前わりゃアが冒した罪ハッキリ清算してから、うまい飯喰ってみイや！」

こうしたセリフの数々は、作品の舞台である昭和三十年代後半に笠原が抱いていた、当時の社会への嫌悪感そのものといえるでしょう。久能の姿は当時の笠原の姿そのものであり、その叫びは、任侠映画時代から一貫している、日陰者としての怒りの情念なのです。

しかし、それまでのやくざ映画の主人公に対して久能は（彼がやくざではなく警官であるせいもありますが）圧倒的に無力です。「悪」というレッテルを貼られた上に県警に利用されて消される。自分の生き方を否定する者たちに対して牙をむくことさえできないのです。

世の中がきれいになり、日陰者が生きる場所はなくなっていく。そうした人々に温かかった東映やくざ映画も、時流の中で退潮していく。現実でもファンタジーでも日陰者は滅びるしかない——そんな、空しいレクイエムが本作では描かれています。

『県警対組織暴力』のラストシーンで、石油会社に天下りした海田が社員の前で見せるラジオ体操の、異様なまでのさわやかさと健康さ。ここにも健全な方向一辺倒に傾く世の中に対する強い嫌悪感が垣間見えます。

個人的な戦争・戦後体験、そしてその後の日本の在り方に対するさまざまな情念を、笠原はやくざ映画にぶつけてきたのです。

それは笠原だけではありません。幾多のやくざ映画の作り手たちが、自身の想いを作品に込めてきました。そうした作家たちのメッセージに考えを巡らせることも、やくざ映画の楽しみ方の一つなのです。

ぜひ、その想いに触れてみてください。

B）入り口としての「アウトレイジ」

これからやくざ映画を観ようという方が、どこから入ればいいのか――。

趣味嗜好は人それぞれ。「これがいい」とオススメできる作品も、人それぞれだったりします。といっても、それでは締まりがないので、あえて、というなら――「アウトレイジ」三部作になります。

①逆転の企業ドラマ

まず、第一作『アウトレイジ』がどのような作品か、その内容を大まかに説明します。

主人公の大友（ビートたけし）は山王会という関東で最大の暴力団の下部組織の組長です。武闘派で鳴らしていて、抗争が起きると前線に立って戦ってきました。が、それでも山王会にあっては上に行くことはできない。そんな大友組が敵対組織との抗争に巻き込まれるのですが、山王会の上層部は勝手に手打ちをしてしまい、大友は梯子を外されてしまいます。挙句に邪魔者扱いをされ、山王会から刺客が放たれ、組員たちは次々と命を落とす。

第二作『ビヨンド』は関東侵攻を目論む関西の大組織・花菱会が加わってきます。花菱は山王会に恨みを抱く大友を利用し、山王会への攻撃を始めます。大友もまた、一作目の復讐戦のためにそれに乗る。そして第三作『最終章』は、全国制覇を成し遂げた花菱会の内部抗争に大友が巻き込まれていくという話になっています。

要は、大友はいつも巻き込まれる側なんです。主体的に動いているわけではない。つまり、そこにあるのは「下請けの悲哀」です。たとえるなら、腕が良く、そこで生み出す商品も好評であるにもかかわらず世渡りが下手で企業内で出世できない工場長。それが大友なのです。

つまり、「アウトレイジ」シリーズは工場長の視点から描いた「大企業の人事劇」なのです。

第一章で述べたように企業の人事劇はドラマの宝庫です。もちろん平穏な企業は描かれません。舞台となるのはいつだってゴタゴタ。組織内部での権力闘争、組織同士の争い、親会社とグループ企業や下請けの軋轢、そこに絡んでくる公権力——さまざまな葛藤がそこからは生まれ、観る者を魅了します。

『半沢直樹』が土下座で解決するところをやくざ映画は相手を殺して解決する——という

のは第一章で述べたことですが、特にその部分にフォーカスを当ててエンターテインメントとして提示したのが「アウトレイジ」シリーズ、特に一作目だということができます。しかも、『仁義なき戦い』がそうであったように、やくざ映画をもってしても暴力だけでは解決しきれないものがあります。だから、どこか苦みが残る。が、『アウトレイジ』はそこにもう一つファンタジーを盛り込む。つまり、強引にでも暴力で解決してしまうのです。その辺の極端な割り切りの良さ、観る側からするとシンプルな分かりやすさ。そこも、『アウトレイジ』が入門編として向いているのではと思うポイントなのです。

②「全員悪人」の刺激性

その解決手段に限らず、『アウトレイジ』は全てにおいて驚くほどシンプルです。

まず主人公の大友の設定からしてそうです。上には自分を利用することしか考えていない親分がいて、下にはいろいろとはねっ返りの強い子分たちがいる。自身はタフで頭も切れて、喧嘩も強いのに、中間管理職的な調整役としての苦労も多い。しかも、立場が下であるために舐められっぱなし。これは、『仁義なき戦い』がそうであるように、特に実録路線のやくざ映画では定番ともいえる主人公です。また、組織内での抗争や、関西の大組織との軋轢、その中で暗躍する警察——というのも、実録路線ではお馴染みの構図です。

ただ、大きな違いがあります。『アウトレイジ』はフィクションとしてシンプルにまとめられている。そのため、一見すると人物関係などが錯綜しているように思えますが、誰と誰がなぜ戦っているのか、どこにどんな軋轢があり導火線になっているのか、実は全て分かりやすい。つまり、実録路線の定石をさらに分かりやすくデフォルメしているのが『アウトレイジ』なのです。

そう説明すると退屈な内容に思われてしまうかもしれませんが、そこがこの映画の上手いところ。人物関係などの外枠はいたってシンプルなのですが、描かれる人間像に一工夫が加えられています。

公開時の「全員悪人」というキャッチコピーに象徴されるのですが、出てくるやくざたちのほぼ全員が何かしら裏側に別の本心を抱いている。これが、この映画を面白くしているポイントです。『仁義なき戦い』ですら、腹の裏側に黒いものを抱えているのは山守親分（金子信雄）と側近の槙原（田中邦衛）くらいで、あとの面々はそれが純心か野心かの違いはあるにせよ、本心をむき出しにしていました。むしろ、本音と本音の容赦ないぶつけ合いにこそ魅力があったといえるかもしれません。

が、『アウトレイジ』はそうではないのです。「こいつ、いつか殺してやる」「今にみてやがれ」。上の人間も下の人間も、敵も味方も、大半がそうした本心を裏側に隠している。それが何らかのキッカケで表に現れたとき、物語が動き出すわけです。

つまり、シンプルな構造でありながら、その内側は毒に満ちている。入り口として入りやすいけれど、入ってみたら刺激的。それが『アウトレイジ』だということです。

③偉そうな奴をひっくり返す

やくざ映画に入りにくい最大の要因は「なんだか恐い」というのがあると思います。『アウトレイジ』もあの「全員悪人」のポスターを見る限りは「恐い」と思われるかもしれません。が、実際に観るとその感覚は大きく変わることでしょう。

たしかに、恐そうなやくざは次々と出てきます。でも、そうしたやくざはことごとく、どこかの段階で情けない姿を晒すのです。さらに上の人間が出てくるとヘコヘコしたり、惨めに痛めつけられたり殺されたり。

そのパターンを何度も見ているうちに、恐そうなやくざを目にすると「あ、コイツも間違いなくいずれひどい目に遭うな」というのが分かってきます。すると、イキがっている姿がなんだか滑稽であり哀れに見えてきて、ともすれば可愛げすら覚えてしまうわけです。そうなると、厳ついやくざに対して「恐い」よりも「楽しい」と思えてきてしまう。

代表的なところは、石橋蓮司が演じた大友と敵対する組長でしょう。大友、そして山王会を挑発してくる武闘派で、さすが石橋蓮司、憎々しくも恐ろしげに演じています。このシリーズの特徴を何も知らないうちは「この男との対決が主軸になるのか」と身構えるのですが、早い段階で山王会に屈服。この時の山王会会長への平身低頭ぶりにまず驚かされます。それだけでは終わらず、どんどんひどい目に遭っていく。最後は歯科医院に拉致され、口の中をドリルでよってたかっていじくり回されて鉄仮面みたいなマスクを口につけないと生活すらできなくなってしまう。当初の恐ろしさからの落差を、石橋蓮司が見事に演じており、残酷なシーンなのにたまらないユーモアを感じさせてくれました。

そして、三浦友和が一作目と二作目を通じてギャップを壮絶に見せてきます。シリーズでも屈指の野心家であり切れ者という設定で、二作目になるともう手がつけられない。それが、あるキッカケで一気に落ちぶれるのです。この落差が強烈で、それを描くためにこの二作目があるのではないかと思うほどでした。

『アウトレイジ　最終章』公開時に「CAKES」というネットニュースのサイトで北野武監督にインタビューした際、そのあたりの狙いについて次のように語っています。

「それはやっぱりお笑いと同じだよね。チャップリンなんかよく言うけど、ホームレスのズボンのケツが破れたところで誰も笑わないけど、総理大臣のケツが破れたら、みんな笑う。地位や権力の違いは大事なんだ。石橋さんがやるからには悪の暴力的な親分になるわけだけど、それが情けない悲鳴をあげるから笑うんだよね。その辺のチンピラがやったって何も面白くない」

お笑い芸人出身だからこそそのフリとオチを巧みに効かせることで、『アウトレイジ』特有のおかしさが生まれているということです。

④見覚えのある俳優たち

入門編として『アウトレイジ』を薦める上で、実はこれが最も大きい要因かもしれません。キャスティングです。

かつての映画などを観ていて、初心者にとって大きな障壁となるのは「出ている俳優が誰だかよく分からない」というのがあると思うんです。長いこと映画を観ている年配の方や、私を含めて自分が生まれる前の映画を観慣れている場合はそうではないのですが、四十代以下の方にとって八〇年代より前の作品となると、出演している俳優を観ても誰なのかよく分からない。そのために、作品に入りにくくなるし、その「分からない俳優」がやくざ役を演じていれば「本当に恐い人」としか思えなくなる。

その点、『アウトレイジ』は近年の作品ですし、出演者も一作目だとビートたけし、三浦友和、國村隼、小日向文世、椎名桔平、柄本時生、加瀬亮、杉本哲太——と、よく知っている俳優たちが並びます。二作目もこれに西田敏行や高橋克典が加わる。

以前のインタビューで北野武監督も「花形歌舞伎みたいなところがある」と言っていま

したが、要するに有名どころの俳優のオールスター作品でもあるので、それだけでもその華やかさをもってミーハー的に入りやすい。さらに、よく知っている俳優が演じていることで、生々しい暴力が描かれようとも、恐ろしい人間が出てこようとも「これは演技なんだ」と割り切れる。

⑤名優たちによる「やくざごっこ」

しかも、そんな俳優たちがかなり誇張して演じています。

東映のやくざ映画は——かつて一連の映画に関わった人たちにとってそれは誇りでもあるわけですが——実際に本職と接する中で、芝居の参考にしていました。ですから、フィクションと分かっていても時おりかなりリアルに見えることがあります。たとえば小林旭は『仁義なき戦い 代理戦争』に出演する際、その役のモデルになった組長に実際に会ってその細かい動作を身につけていったそうです。

そうしたリアルさは、『アウトレイジ』にはありません。「バカヤロウ！」「この野郎！」「ぶっ殺すぞ！」と誰もが凄んで怒鳴りあっていますが、その演技はあくまで「やくざっぽさ」をそれぞれの俳優が思い思いに演じている感があります。

しかも、それぞれにその芝居を楽しんでいる。普段、日本の映画やテレビドラマは倫理観でガチガチに縛られていますし、俳優といえども好感度が重視される時代ですから、振り切れたワルを演じる機会はまずありません。それだけに、出ている誰もが自らを解放して伸び伸びやっているように映っています。

その楽しげな感じもまた、本作にフィクションとしての安心感を与えてくれているのです。だから、観客も気楽に観ることができる。いわば『名優たちによる《やくざごっこ》』が『アウトレイジ』だということです。

ただ、このシリーズが油断ならないのは、そうやってフィクションとして楽しんでいると、いきなり金田時男や白竜といった「どう見ても本物にしか見えない人」が現れて、とんでもなく不穏な空気を醸し出してくるところです。それが、コント的な方向に行きすぎずに、作品を迫力あるものとして支えているのです。

その上で重要なのは、「俳優・ビートたけし」を主演に使えることです。ビートたけしの放つ狂気を孕んだ暴力性と、その向こう側に見え隠れする哀愁は唯一無二のものです。

そんな男が主演しているからこそ、「ごっこ」を超えた迫力を放っているのです。

⑥テンポの速さ

最後に付け加えておきたいのは、演出面の見事さです。

まずはテンポの速さ。昔の映画、特に任俠映画を観ていると「キツイ」と思われる方もいるかもしれません。それは俳優がたっぷりと間をとった芝居をしたり、情感の中で芝居を展開したり——見慣れてない人からするとじっくりとしたテンポは退屈に感じてしまうかもしれません。

その点、『アウトレイジ』は間髪容れずにパッパッと次から次へ映像がスピーディに進んでいく。間や情感でじっくり見せるという手法は一切排除しています。映像もスタイリッシュ。個々のカットがシャープなので、たるい感じはしません。

それはドラマ内容に関してもそうです。家庭の描写、恋愛描写、お涙頂戴の描写——、日本映画はついこうした場面を入れがちですが、時として物語のテンポを阻害するだけだったりします。『アウトレイジ』は、そこも徹底的に排除しています。個々のやくざたちのプライベートはほとんど描かれない。どんな家に住み、どんな家族構成で――とかは全く分かりませんし、恋愛感情や、誰かの死に際してのウェットな感情などは、とにかく描かれない。潔いまでに、抗争に特化しているのです。だから、退屈な瞬間が全くこない。

その一方で、バイオレンスは突然やってきます。油断しているといきなり銃撃戦がはじまり、人が簡単に死ぬ。冷めた乾いたタッチの中で、あっさりと即物的に。現実の人の死がそうであるように。その生々しさ、痛々しさが、ただの「やくざごっこ」ではないヒリヒリする迫力を本作にもたらしているのです。

こうした点から考えて、さまざまな刺激に慣れている現代の観客にも『アウトレイジ』は十分に刺激的に受け止められるのではないかと思います。


以上、やくざ映画の魅力が凝縮されており、不慣れな人、苦手な人でも「やくざ映画の楽しさ」を知ることができるのではないかと考え、最後に『アウトレイジ』を入門編として紹介しました。

『アウトレイジ』は、かつてのやくざ映画からさまざまな「それっぽい」要素を抜き出し、現代的にリブートした作品です。そのため、『アウトレイジ』から入って過去の作品を観ることで、逆に「あ、これ『アウトレイジ』っぽい」と思うことができ、それを取っ掛かりにして旧作もまた楽しむことができるのではないかと考える次第です。

〈主要参考文献〉

『日本映画テレビ監督全集』キネマ旬報社
『映画40年全記録』キネマ旬報社
『クロニクル東映』東映株式会社
俊藤浩滋・山根貞男『任俠映画伝』講談社
岡田茂『波瀾万丈の映画人生』角川書店
深作欣二・山根貞男『映画監督　深作欣二』ワイズ出版
楠本憲吉・編『任俠映画の世界』荒地出版社
田山力哉・編『菅原文太　野良犬の怨念』芳賀書店
植草信和・編『渡哲也 さすらいの詩』芳賀書店
斯波司・青山栄『やくざ映画とその時代』ちくま新書
西脇英夫『日本のアクション映画』現代教養文庫
福間健二・山崎幹夫・編『大ヤクザ映画読本』洋泉社
※笠原和夫関連は本文中に明記

春日太一［かすが・たいち］

1977年、東京都生まれ。時代劇・映画史研究家。日本大学大学院博士後期課程修了。著書に『天才 勝新太郎』（文春新書）、『時代劇は死なず！ 完全版 京都太秦の「職人」たち』（河出文庫）、『あかんやつら 東映京都撮影所血風録』（文春文庫）、『役者は一日にしてならず』『すべての道は役者に通ず』（小学館）、『時代劇入門』（角川新書）、『日本の戦争映画』（文春新書）ほか。

撮影／藤岡雅樹
編集／山内健太郎

やくざ映画入門

二〇二一年 十月五日 初版第一刷発行

著者 春日太一
発行人 飯田昌宏
発行所 株式会社小学館
〒一〇一－八〇〇一 東京都千代田区一ツ橋二ノ三ノ一
電話 編集：〇三－三二三〇－五一二六
販売：〇三－五二八一－三五五五

印刷・製本 中央精版印刷株式会社

Printed in Japan ISBN978-4-09-825411-8